人間科学におけるエヴィデンスとは何か

現象学と実践をつなぐ

小林隆児・西 研――編著
竹田青嗣・山竹伸二・鯨岡 峻――著

新曜社

プロローグ

科学にはエヴィデンス（根拠）が必要です。各自の主張がどのような根拠に支えられているのかを示すことで、互いに議論しあうことが可能になるからです。そして自然科学では、実験、観察、及びそれらの結果を数学的に処理したもの（統計）がエヴィデンスとされてきました。では、保育、介護、看護、医療、教育、心理臨床のような〝人を支援する実践〟を支える人間科学も、自然科学と同様なエヴィデンスに基づくべきなのでしょうか？　そうではないでしょう。人間の「体験」の世界を理解しようとする人間科学においては、自然科学とは別種のエヴィデンスが考えられてしかるべきだからです。

この「人間科学にふさわしいエヴィデンスとは何か」という問いを、この本はテーマとしています。しかしこれは単なる認識論上・科学論上の問いではありません。むしろ「人を支援する実践に役立つような人間科学は、どのようなものでなくてはならないか」ということ、つまり人間科学そのものの性格を問うことにつながっていくのです。

この本は、竹田青嗣さん、山竹伸二さん、私（西研）という、哲学を専門とする三人（山竹さんは心理学にも詳しい）と、発達心理学者として長く保育現場に関わってこられた鯨岡峻さん、児童精神科医として発達の困難を抱えたお子さんお母さんとの臨床を長く続けてこられた小林隆児さんの、五人の論者によって書かれています。
このように出自はちがいますが、この本にはすべての章を貫く共通の想いと主張がはっきりとあります。それは「人間科学と哲学を自己・他者・関係の理解に役立つものにしなくてはならない、そして臨床や支援のよりよき実践を支えるものにしなくてはならない」という強い想いであり、そして、「人間科学と哲学をそのようなものにするためには、研究者も実践者も自分自身の意識体験――とくに他者と関わる体験――をよく感じ取って言語化し共有していくことが欠かせない」という主張です。

私たちそれぞれが他者と関わるときには、他者の心の動きが感じられるとともに、それに呼応して自分の心のなかにさまざまな気持ちが立ち上がってきます。このような状況を鯨岡さんは「接面」と名付けていますが、この接面における自分の意識体験をていねいに捉え返し、それを共有可能な言葉にするところからしか、自己・他者・関係の理解を育み臨床と支援に役立つ人間科学は立ち上がってこない。なぜなら、支援や臨床はまさしく自他関係のなかで展開されるものだからです。

しかし、このように自他の心を感じ取り、そこでの「気づき」を育て共有していくことよりも、すぐさま役立ちそうに見える「なすべき行動のマニュアル」を欲しがる傾向があることを鯨岡さんは指摘しています。「かくかくしかじかのようなケースに対してはこう対処すればよい」と教えてくれるマニュアルを求める声は、教育や介護の現場でも、心理臨床の現場でも大きいようです。相手の心の動きを感じ取り、それに対応して起こる自分の心の動きをも同時に感じながら相手に関わっていくというやり方は、忙しい業務のなかではしばしば〝面倒くさいもの〟とみなされたり、ときには〝職人芸的な特殊技能であって一般の職員には不可能なもの〟とみなされたりするかもしれません。

　しかし、相手と関わる経験のなかで得られるものは、単に特殊な技能ではないはずです。そこでの「気づき」を言葉でもって捉え直すことで、それをより一般性のある「メタ意味」――現象学の言葉使いでは「本質」に相当します――へと深め、同僚や他の支援者たちと共有することが可能であること、そしてこのようなやり方によってこそ、実践者が真の意味で支えを得て、よりよき実践を問い求める動機を保ち続けていけること。これが鯨岡さんと小林さんの両者に共通するモチーフです。小林さんはさらに、精神療法（心理臨床）において、治療者が関係のなかで気づいたことを言葉でもって患者に返すこと――信頼感のなかでの「気づき」の共有――が決定的な意味をもつことを主張しています。

　このように、関係における気づき・言語化・共有ということが、人間科学と支援の実践にとって決定的な重要な意味をもつ、とするお二人の姿勢は、現象学の始祖フッサールが求めた学問のあり方（本質学）と深く共通するものです。

　自分自身のある種の意識体験を捉え返すことで、それらの体験に共通し核心をなすもの（本質）を言葉でもって取り出してみる（本質観取）。すると、その言葉を受けとった他の人はその人自身の意識体験を反省することで、その本質観取に妥当性があるかどうかを吟味することができます。このようにフッサールは「自分自身の意識体験の反省」というところにエヴィデンス（明証性）を求めましたが、この本で、竹田・山竹・西の「哲学組」はこのフッサールのエヴィデンスの考え方を人間科学に拡張することを試みています。

現象学の方法において、エヴィデンスとともに重要なポイントになるのが「本質」の理解です。現象学のいう本質については、これまで「永遠不変な真理を求める古い形而上学だ」という非難が数多く寄せられてきました。しかし本質とは決して永遠不変な真理ではなく、私たちが〝よりよき〟実践や生のあり方を希求するからこそ問い求められる「共通了解」であることを、この本では強調しています（竹田さんは本質とは「正当性のある合意」であると言い切っています）。そしてこの本質観取の方法が哲学と人間科学に共通する基礎的な方法であり、そして哲学と人間科学とはまったくの別物ではなく相互に連動すべきものであることを山竹さんは強調していますが、これも三人に共通する姿勢といえます。

＊

さて、ごく簡単に各章の見取り図を描いておこうと思います。

第1章（竹田）は、「自然科学のエヴィデンスと人間科学のエヴィデンスのちがいの問題」が、近代ヨーロッパの学問における「主観・客観一致の難問」にまで遡るものであることをまず指摘します。そのうえで、学問の客観性とは客観世界との一致ではなく、じつは「共通了解をどうつくりあげるか」という問題であることをフッサール現象学にもとづいて明快に示します。そして、「人間科学が共通了解を達成するためにはどうすればよいか」という問いに対しては、本質観取の方法を提示しています。この本全体にとって、原理論的な位置をもつ章といえます。

第2章（山竹）は、質的研究の歴史を詳しくたどって、わかりやすい見取り図を示しています。そして、そこから生まれたナラティヴ論や社会構築主義がいくつかの革新を成し遂げたことを評価しつつも、それらが共通了解をつくり出す原理をもたないこと、それに対して、現象学は本質観取の方法によって共通了解を作り出しうる点で質的研究にその原理を与えうることを主張しています。そして人間科学的な個別研究と、哲学的な普遍的な研究とが相互に連動するイメージを提示しています。

第3章（西）は、フッサールに立ち戻って「本質」及び「本質観取」の原義を確かめたうえで、本質を永遠不変なものとしてではなく、何らかの必要や観点によって問い求められるものとみなすべきことを主張します。続いて本質観取の実例を「なつかしさ」を例にとって行うとともに、人間科学のエヴィデンスは「体験反省的エヴィデンス」（体験を反省することによって確かにそうだと思えること）に基づくべきことを主張しています。

第4章（鯨岡）は、これまでの哲学的な論究とはちがって、子育てや保育のような具体的な実践の現場からスタートします。人と人とが関わる場面を、情動や力動感が通いあう「接面」と呼んだうえで、この接面を無視する「客観主義的パラダイム」と、接面で起こっていることを積極的に取り上げて深めようとする「接面パラダイム」とを区分し、それぞれの特性を明確に示します。そしてこの二つのちがいが具体的な実践においても大きなちがいを生むことを鋭く指摘しています。さらに、人間科学におけるエヴィデンス（明証性）を「エピソード記述」に即しつつ述べていきますが、これは第3章で私が「体験反省的エヴィデンス」として抽象的に述べたことを、より具体的に発展させるものとなっています。

第5章（小林）は、鯨岡さんのいう「接面」を、心理臨床の現場からきわめて具体的に描いています。対面している子どもの心と同型の「力動感」が自分（医師）のなかにも立ち上がる。そうした力動感が相手の心を捉えるうえでもっとも基底のものである（いわば第一次的なエヴィデンスである）こと。それを言葉にして相手に返すことによって、相手の気づき（自己了解）が促進されることが心理臨床の核心であること。両者のやりとりのなかで、自分の捉えた感触が確かなものであったかどうかが最終的に確かめられることになるが、これが最終的なエヴィデンスといえること。このように心理臨床の原理とエヴィデンスとを、とくに「甘え」という二者関係の核心というべき事柄に関わりながら示しています。

＊

このように「人間科学はどのようなエヴィデンスをもたねばならないか」という問いは、じつは、人間科学のあり方と、そこから導かれる支援の実践のあり方を問い直すことでもあります。この本からはさまざまな発展がなされうると思います。心理学や教育学、また、看護、介護、医療のような支援の実践についても、もちろん哲学についても。

私自身のことをいえば、私はフッサールから出発して、さまざまなテーマについて本質観取のワークショップを行ってきましたが、より生々しい「二者関係」のなかで働く力動感や情動性については、小林さんと鯨岡さんに深く教えられてきたと感じています。

この本がさまざまな方々の手元に届き、大きなヒントと刺激を与えてくれることを祈っています。

二〇一五年八月

西　研

装幀◆新曜社デザイン室

第1章　人文科学の本質学的展開

竹田青嗣

第1節　人文科学の危機

わたしは大学だけでなく、カルチャーセンターなどでも長く現象学の講義をもってきましたが、このところ、看護や介護など医療、福祉実践の分野に携わる方々が現象学に興味をもって受講されるということがとても多くなっています。その原因は、この医療、福祉実践の領域で、エヴィデンス主義にもとづく量的研究と質的研究との対立という事態が生じ、とくに質的研究に興味をもつ人たちにとって、現象学が一つの重要な方法的リソースになっている、ということがあるようです。

量的研究は、いうまでもなく実証的な科学主義の立場に立つもので、さまざまな現場での臨床データの広範な定量的分析を基礎とします。これこれの事態に対してこれこれの対処を行ったときどのような結果が現われるかについての明確なエヴィデンスが柱となる。これに対して質的研究は、必ずしも量的データに依拠せず、むしろ諸ケースについて、意味の分析あるいは解釈というものを研究の基軸におきます。一般的にいって、人文科学〔1〕の領域では、この実証的、科学的な方法とそれについての意味論的な分析や解釈という二つの契機は互いに支えあうものといえるけれど、現実には、エヴィデンスベーストな量的研究がこの分野で主流であり、後発の質的研究の方法に対して、それが実証的、科学的でないという批判が強くある。しかし、質的研究は、むしろ理論的な場所ではなく実際の医療実践の現場にいる人たちにとって、個々のケースをどう理解しどのように実践を推し進めていくかという点で一つの優位性をもっており、そのために近年、質的研究が注目され始めているわけです。

わたしはこの領域の専門家ではなく、そのような医療実践の領域の問題をいわば徐々に聞き知ったわけですが、しかし哲学的立場からみて、この事態には、フッサール現象学のそもそもの動機と方法、そして現代哲学全体の動向と深くかかわる重要な問題が横たわっているようにみえます。まずそのことから話をはじめようと思います。

「近代自然科学」の確立

哲学史の領域において、一九世紀の半ば以降、やはり実証主義的な科学主義の方法と哲学的な本質洞察の方法との大きな対立が生じてきました。ことの起こりはオーギュスト・コントの哲学批判です。コントは一八四四年の『実証精神論』で近代哲学の基本方法を「形而上学的」思考方法として批判し、人間の世界認識の根本方法は、いまや形而上学的方法を脱して実証主義的な認識方法へと進みでなくてはならない、と主張します。仮想敵はヘーゲルにおいて頂点をみたドイツ観念論です。カント、フィヒテ、シェリングなどを含めた彼らの基本の世界観が、スピノザ以来のヨーロッパ独自の理神論−汎神論的世界観の枠内にあったことを思うと、コントの批判はきわめて理に適ったものと見え、科学的な合理性を重んじる新しい世代の知識人からの共感を得ることになります。

形而上学の根本方法は、世界の根本原理、究極原因を探求するという点にあるが、これはそもそも不可能である。実証主義は、客観認識を生み出す実証的な自然科学の方法にもとづき、絶対的な認識を求めず、人間が必要としている知識を一定の限定において、すなわち共通了解が成立するような範囲内で探求するものである……。コントのこの哲学批判は、ドイツ観念論哲学が世界精神としての「絶対者」という観念から離脱できず、精神と自然との調和的一体性などをロマン的な仕方で主張していたことをかんがみると、きわめてまっとうなものといえます。コントの構想では、近代が創り出した合理的な学問の精神は、実証主義的方法によってついにその完成形態へ達すると考えられたのです。しかし事態はそう簡単ではなかった。

これは十分注意すべき点ですが、ヨーロッパの近代自然科学の方法は、世界ではじめてうち立てられた厳密な客観認識の方法です（あくまで自然世界についての）。後にフッサールは、この近代自然科学の方法

---

［1］人文科学は科学の大きな分野として自然科学に対立する。この意味での人文科学は、さらに社会科学と人間科学とに区別される。この人間科学を人文科学と呼ぶ場合もある。

の本質を、「自然の数学化」という言葉で見事に規定しました。近代自然科学は、あらゆる自然事象の生成変化について、その構造と因果の法則を、厳密に数学化された相において捉えることを可能にし、そのことによって計量、計測のみならず、あらゆる点に関して因果的予測を可能にするという驚くべき方法を確立したのです。

この事態は科学者のみならずヨーロッパの多くの哲学者、思想家に決定的な衝撃を与えました。すなわちそこに現われたのは、この科学の客観的方法を適切に展開、発展させてゆけば、自然世界のみならず世界のあらゆる問題や事象に関して、やがて遠からぬ未来に、人間は完全に正しい世界認識に到達することができるであろう、という期待に満ちた観念です。一九世紀には、一七世紀についでヨーロッパにもう一つの大きな科学革命の波が起こります。一九世紀の物理学者ラプラスの「ラプラスの悪魔」という言葉はよく知られていますが、これは、ある瞬間の世界の物理的状態の一切が知られるなら、それ以後の一切の世界の変化の状態を予測できるはずだという考えで、一九世紀の科学者や思想家たちが科学の方法に抱いていた大きな希望を、きわめてよく象徴しています。

こうして、コントの実証主義精神の提唱は近代の社会科学の考え方の基礎となり、それまで人間と社会の問題を一手に引き受けていた哲学に代わって、一方でマルクス主義が現われ、一方で、デュルケームやウェーバーなどの社会学が登場してくることになります。マルクス主義が、自らを科学的認識とみなし、また唯一の正しい世界観と標榜したことはよく知られていますが、新しい実証主義の方法が、人間と社会の認識についての正しい認識方法をもたらすはずだと多くの人々が考え、マルクス主義はまさしく自らがそのような認識方法であると標榜したのです。しかし、事態はそう一筋縄ではいかなかった。

学派の乱立と対立

その後、新しい人文領域における実証主義的諸学科が雨後のたけのこのように立ち上がってきます。心理学、社会学、歴史学、経済学、人類学、言語学、政治学、芸術学等々。そこでどういうことが生じたか？　この新しい人文諸学科においてすぐに見出されたのは、自然科学におけるような広範な共通認識、客観認識についての合意が現われず、むしろあらゆる諸学科において複数の学説の乱立と異説の対立が露わになる、という事態でした。それを最もよく象徴するのが心理学です。ここにはざっとながめるだけでも、実証主義的心理学と深層心理学との対立があり、深層心理学においては、フロイト派とユング派、さらにフロイト派からさらに自我心理学、関係対象派など無数の分派が現われます。また実証主義的心理学においても、内観主義、機能主義、行動主義心理学、ゲシュタルト心理学、認知心理学等々の消長が続きました。そしてこれに類する事態が、心理学の領域だけではなく、あらゆる人文科学の諸学科にみられる現象として現われてきたのです。

要するに、自然科学の実証主義的、定量的方法を適用することによって、厳密な認識をうち立てられると期待された人文諸科学において、どの分野でも学派の乱立と対立ということが普遍的な現象となり、それは現在もまったく変わらず続いているのです。つまり、自然科学の実証主義的方法を適用すれば、人文科学の領域にも厳密で正しい客観認識が成立するだろうという一九世紀の実証主義的予想は完全に覆されました。しかもこの事態がなぜ生じているのかについて、どんな有効な考え方も見出されていない、というのが現状なのです。人文科学の領域においてはたして広範な共通認識（客観認識）が可能なのかという問題は、現在では科学哲学における認識論的論争として続いており、二〇世紀の半ばに行われたアドルノ、ポパー、ハーバーマスなどを巻き込んだドイツの社会科学における実証主義論争はそれを代表するものです。

実証主義への異議申し立てと「認識の謎」

さて、少し遡って、このような実証主義の大きな波に対して、もう一方で哲学の領域からリアクションが現われます。つまり、実証主義的な科学主義の方法では、人間や社会における意味や価値の問題を正しく扱えないではないかという異議が、哲学の新しい潮流として登場します。それを象徴するのが、一九世紀半ばの新カント派、とくにヴィンデルバントやリッケルトの西南学派、またディルタイなどの哲学者です。彼らは、実証主義的方法では社会や人間の領域の本質的事象についてはは迫れないとして、自然科学に対して精神科学や文化科学というカテゴリーをおき、これに対抗する方法を模索しました。少し遅れて、フッサール現象学もまたそのような哲学的モチーフを継承しつつ登場してきます。

これについては、中期の『現象学の理念』[2]と後期の『ヨーロッパ諸学の危機と超越論的現象学』[3]がきわめて重要な著作です。まず『現象学の理念』でフッサールがおいたマニフェストを簡単に要約してみます。

『現象学の理念』でフッサールは、人文科学の認識が陥っているこの混乱の根本の原因は、ヨーロッパ哲学に長く続いてきた認識問題、「認識の謎」が解明されていない点にある、と主張します。ヨーロッパの認識問題とは、主観－客観の一致問題とも呼ばれますが、デカルトの主観－客観の一致は論理的に決して検証されえないという主張に端を発します。その言い分はこうです。人間が形成する一切の認識は、それがどんなものであれ、つまるところ主観の認識である。認識する主観が複数でも事態は変わらない。神のような完全な認識があるとすればべつだが、われわれ人間の認識は、どこまでも自分の認識を客観存在それ自身と参照することができず、したがってその「正しさ」を確証することはできない。それゆえ人間の認識は、原理的に対象それ自体を把握しえない……。

ふつうにいえばレトリカルな謎にすぎないように思えますが、近代哲学の認識論では、この主－客の一致の不可能性というテーゼは、カントによって「物自体」の認識不可能性として示され、さらに認識における「超越論」的問題として定式化され、誰も突き崩せない強固な難問として現在まで生き続けているのです。

「本質学」としての学問の危機

さて、「認識の謎」とは、この認識における主－客一致の不可能性を覆せないことで現われる認識上の難問です。第一に、主－客一致が不可能ならそもそもどんな「正しい認識」も存在しえないし、もちろん哲学的真理ということもありえないことになる。哲学的な相対主義、懐疑主義といわれるものは、原則としてこの立場です[4]。第二に、主－客の一致がありえないなら、自然科学が作り上げてきた自然の客観

[2] 邦訳に『現象学の理念』（立松弘孝訳、みすず書房、一九六五）（長谷川宏訳、作品社、一九九七）がある。
[3] 邦訳に『ヨーロッパ諸学の危機と超越論的現象学』（細谷恒夫・木田元訳、中公文庫、一九九五）がある。
[4] 現代のポストモダン思想や分析哲学は、基本的にこの論理相対主義を基本の方法としている。この意味で現代は哲学的には相対主義の時代だといえる。

認識というものも説明不可能なものとなります。第三に、これが最も重要ですが、正しい認識というものが存在しないのであれば、人間や社会における正しさ、善や正義についてもおよそ普遍的な基準は存在しないということになる。そして、第三の難問の最後の帰結は、結局のところ、力のあるものが何が正しいかを決めるのだという「力の論理」です。近代哲学者は、これがきわめて重大な問題だということに気づいており、そのためにカント、ヒューム、ヘーゲル、ニーチェといったビッグネームの哲学者たちは例外なくこの問題と格闘してきたのです。

フッサールはこういいます、近代の人文科学は、自然科学の実証主義[5]的な方法を適用すれば、この領域でも客観的‐普遍的認識は達成されるだろうと考えたが、そうはならなかった。そして実証主義的な人文科学自身はその本質的原因を究明する方法をもっていない。なぜなら実証主義の方法は、主観‐客観の一致図式が大前提となっているからである、と。

フッサールの主張のポイントは以下です。人文科学は人間の生の意味や価値の問題にかかわっている。しかしこの領域における実証主義の制覇は、普遍的な学問というものの最も重要な本質をそぎ落としてしまった。このことで学問とは単なる「事実学」となり、ヨーロッパ哲学が本来もっていた人間の生の意味に迫る「本質学」としての意義は現在危機に瀕している。もし理性の営みとしての哲学が事態を解明してこの問題を立て直すことができないなら、いったい、そもそも人間の理性とはなんの意味をもっているのか。

もし諸学がこのように、客観的に確定しうるものだけを真理と認めるのであるならば、また歴史が、精神的世界のすべての形態や人間生活を支え拘束するもの、すなわち理想や規範がつかのまの波のように形づくられてはまた消えてゆくものであること、このようにかつてもそうであったし今後もそうであろうということ、いつも理性は非理性へと転じ、善行はわざわいになるというようなことを教えるにすぎないのであるならば、世界と世界に生きる人間の存在は、真に意味をもちうるであろうか。われわれは、こういうことで満足できるであろうか。歴史的できごとが、幻想にすぎない高揚と、苦い幻滅のたえまのないつながり以外の何ものでもないような、そういう世界にわれわれは生きることができるであろうか。[6]

この文章が、ナチズムの政治的圧力によって、それまで世界にその成果を輝かせていたドイツの学問世界の妥当性が完全に破壊された、一九三〇年代に書かれたことに注意しなくてはなりません。認識問題は、多くある哲学的なパズルの一つなのではなく、人間生活における正しさの普遍性の問題にかかわっています。そしてフッサールの主張は、現象学の方法こそ、上の三つの謎を含む認識問題を解明しうる、というものでした。

フッサールのこの主張、哲学における理性の普遍性を復権させようとする主張は、現代思想では、しばしば、ヘーゲル的な絶対認識をめがける形而上学的主張と重なるものとして誤解されてきました。しかし

［5］実証主義は、客観それ自体に近づく方法。
［6］『ヨーロッパ諸学の危機と超越論的現象学』（以下、『危機』と表記）2節（細谷・木田訳、中公文庫、一九九五、二六五頁）

のちに明らかになるようにこの批判はまったくの誤りです。現象学は、ウィトゲンシュタインの言語哲学、デリダの脱構築と並んで、二〇世紀における最も重要な反形而上学の思想の一つであり、しかもこの中でも最も本質的な反形而上学の原理を示すものなのです。

現代の現象学者を含めて、現象学による認識問題の解明の方法と動機について大きな誤解が長く続いてきましたが、この誤解は、現象学は厳密な認識の基礎づけをめがけている、という根本的に誤った解釈にもとづいています。ひとことでいって、現象学の認識問題の解明の根本方法は、方法的独我論によってすべての認識を「確信－信憑」と読み替えるという点にあります。この根本方法に対する誤解がさまざまなありえない誤解を生んでいたというほかないのです。このことについてもう少し説明してみます。

現象学による「認識の謎」解明のポイント

フッサールによれば、近代哲学が長く難問として抱えてきたこの「認識の謎」（上の三つの謎）は、現象学の方法によってのみ解明することができる。そして、この謎の解明は以下の三つのポイントを含んでいる。

第一に、人間の認識の本質構造を明らかにすること。

第二に、そのことで、なぜ自然科学には客観認識が成立するのに、人文科学の領域ではそれが不可能だったのかを解明すること。

第三に、さらにここから、人文科学の領域での普遍認識の可能性は、自然科学の実証主義的方法の適用ではなく、新しい普遍的認識の方法、すなわち現象学的な「本質学」の方法にあることを明らかにすること。

こうしてフッサール現象学の根本構想は、人文科学における認識上の混乱の問題、すなわち近代哲学につきまとっていた「認識の謎」を現象学の方法によって解明し、そのことを起点として、人文科学の普遍性を「本質学」の構想によって建て直す、という目標にありました。

第2節　認識問題の解明と本質学

つぎに、フッサールがこの主‐客の不一致というやっかいな認識問題の謎を、どのように解明したかという点に踏み込んでみましょう。認識問題の現象学的解明については、わたしはすでにいくつかの著作[7]で詳しく触れているので、ここではフッサールの理路の要点を大きくパラフレーズして示してみます。

方法的独我論による「認識」の三つの区分

まず認識問題の第一の核心は、主‐客の一致がありえないのに客観認識（自然科学の認識、数学など）と呼ばれるものが存在するのはなぜか、という問いに答えられるかという点にあります。第二に重要なのは、客観認識あるいは普遍認識が存在しうるとすれば、その可能性を主‐客の一致という構図ではない仕方で

[7] とくに『超解読！はじめてのフッサール「現象学の理念」』（講談社現代新書、二〇一二）

説明することです。これ以外の方法は、普遍的認識など存在しないと主張する相対主義を含め、すべて主−客図式の枠内にあるのです。これは後にもう少し説明しますが、客観認識を否定する相対主義もまた、主−客図式の変奏形だからです。

この課題に対してフッサールは、一切を主観の認識、すなわち主体の確信−信憑とみなす考えをとります。すなわち方法的独我論です。フッサールの用語を使っていうと、「主観−客観」構図を廃棄して代わりに「内在−超越」構図をおくということになります。しかしフッサールの用語法による説明はきわめて煩瑣で、じっさい多くの誤解を積み重ねてきたので誤解を恐れず大きく整理してみます。一切の認識を主観の確信−信憑であると考えます。するとどんな認識も（科学的認識も数学的認識でさえも）、個々の主観のうちで成立しているところの、「これは確かにこれこれだ」という確信−信憑だといえる。ここから、この世に成立する一切の認識は、大きくつぎの三つに区分されます。

（1）個的な主観的確信としての認識……個人のなかだけで確信−信憑されている認識。個的信念。孤独な霊視、見神体験、幻視、など。

（2）共同的な確信としての認識……複数の人間の間の確信的認識。二人だけの絶対愛の幻想。共同的伝承、伝説。民族宗教、世界宗教。ここでは一つの認識がきわめて広範な人々の間で共有される。しかし共同的確信−認識は、すべての人間に共有される認識とはならない。

（3）普遍的な間主観的確信としての認識……自然科学の認識、数学的認識、基礎論理学。これに加えて社会事象についての基礎的構造の認識（ただしこれも詳論が必要なので踏み込まない。美醜の構造、ルール関係、権力関係の基礎構造など）。

さて、こういうとにわかには信じられないかもしれませんが、長く続いてきた近代の認識論の謎は、現象学の方法的独我論から導かれるこの確信－信憑の三つの区分によって、潜在的に解明されています。なぜなら、この構図は、第一に、なぜ主観－客観の一致がないのに客観的認識が成立しているのかという問いに明確に答えます。多くの人間がともに同じ認識をもつのが共同的認識ですが、そのうちである条件をもつものは、理性をもつ人間のすべてが共有できる「普遍的認識」として成立する。自然科学や数学は、そのような条件をもつ認識の領域です。また、なぜそこで普遍的認識が成立するのかは、ここでは詳述できませんが現象学的に解明されます。

第二に、この構図は、そもそも「絶対的な客観存在」というものが背理であること、したがって世界の絶対的な存在を前提する伝統的な「真理」の概念がもはや成り立たないことをもはっきりと示します。現象学の方法的独我論は、この絶対的な真理という伝統的な「本体論」を解体するのです[8]。

第三に、普遍的認識というものが、なんら絶対的な客観についての絶対的認識（主－客の一致）を意味せず、人間どうしが間主観的に形成している一つの「世界分節」のありようである、ということを明示し

［8］ちなみに、この伝統的「本体論」の解体という課題にあっては、ニーチェとフッサールにその最大の功績が帰せられる。神の存在証明の不可能性を論証したカントも、画期的な近代の人間論をうち立てたヘーゲルも、この点では古い地盤に留まっており、二〇世紀後半を席巻したポストモダン思想や分析哲学もまた、古くからの論理相対主義の現代的な変奏形態にすぎない。

ます。

べつの言い方をしてみましょう。この構図によって、認識すなわち確信－信憑の成立の構造を分析すると、共通認識が成立する領域とそれがきわめて難しい領域があることがはっきりと理解される。すなわち普遍的な共通認識が成立可能な領域と、そうでない領域が存在する。自然科学や数学は、普遍的な共通認識（間主観的確信）が成立しうる領域であり、多くの人文科学の領域は、価値観が重要なファクターとなるために、厳密な共通認識は成立しない。しかしある条件的な限定をおけば、共通構造を取り出すことはできる、ということになるのです。

フッサール現象学をめぐる誤解

フッサール自身によってしばしば主張される、現象学は「厳密な世界認識の基礎づけ」をめがける、という言い方は、現象学があたかも「真理認識」の探求の学であるかのような誤解を招いてきました。事実はむしろ、現象学の中心的主張は、真理の認識（絶対的な客観認識）というものがそもそもありえないこと、しかしどんな普遍的認識も存在しないのではなく、一定の領域において可能であること、そしてその領域を確定できること、つまり普遍的認識の成立する可能性の条件を取り出すことができる、という点にあります。このことで現象学は、従来の主観－客観図式を完全に克服しているのです。

ここで重要なのは、客観認識や普遍認識ははじめからまったく存在しない、と主張する現代哲学の相対主義思想は、じつは暗黙のうちに主観－客観図式を前提しているということです。どんな客観認識も存在しないと主張する哲学的相対主義は、東西の哲学発生以来のもので、ギリシャではゴルギアスの、①そもそも存在は証明されえない、②仮に存在があるとしても認識できない、③仮に認識されうるとしても言語で表現できない、というよく知られた定式以来、哲学の議論のなかで繰り返し登場する相対主義－懐疑主義の主張です。これは哲学においてドグマ的独断論が勢力をもったとき、必ずその対抗思想として現われ、一定の批判的役割を果たしてきました。すでに示唆したように、現代哲学における、ウィトゲンシュタイン以後の分析哲学やポストモダン思想の根本論理がこの論理相対主義です。それは主としてマルクス主義思想や、実証科学のゆきすぎたドグマ主義への対抗を動機として登場したのです。

しかし認識論的にいうと、相対主義の根本構図は伝統的主－客図式のうちにある。なぜなら、相対主義の要点は、われわれの主観は、「客観そのもの」（世界それ自体）に到達することは不可能である、という点にあるからです。すなわちまず主観と客観という二項を暗黙に前提し、そのうえで両者の一致は決してありえないということをさまざまな背理法によって証明する、というのがその議論の特質だからです。これはウィトゲンシュタインでも、デリダでも同じです。

ごく大雑把にいうと、主－客図式を暗黙のうちに前提しないで「客観存在」の不可能性をはじめて指摘したのはニーチェであり、フッサールはこのニーチェの考えを（実際には影響関係なく）ほぼ受け継いでいます。ここでは、「主－客は一致しない」ではなく、そもそも客観存在（いいかえれば、世界の「本体」）という概念それ自体が「背理」である、とされるのです。多くの誤解がありますが、ニーチェのこの本体論の破壊、また現象学における「客観」概念それ自体の棄却は、現代哲学（思想）の相対主義的な客観認識の不可能性の原理とはまったく違ったものです。

ばかげたことに、いま見たような現代的相対主義が、現象学の方法を主－客一致をめざす真理主義であるとして批判するという事態が続いてきたわけです。またわれわれ（竹田・西）のこのような現象学の擁護は、現象学の曲解であるといった批判もしばしば見られます。ここでは直接の反論をおきませんが、つぎの点だけはいっておこうと思います。もしフッサール現象学の本質が、われわれのいうような認識問題を解明する独創的方法ではなく、伝統的な現象学者たちや現代思想の批判者のいう「真理認識の基礎づけの学」であるのなら、もしその批判が正しいとすれば、われわれは現象学を、もはやどんな見込みもない古い形而上学の遺制としてきっぱりと葬り去ったほうがいい。真理認識の基礎づけの試みといった哲学には、どんな未来もないからです。

ともあれ、現象学の認識論的解明についてのもっと詳しい説明は、すでに触れた著作を参照してもらわなくてはなりません。ここでは、つぎの主題、すなわち人文科学における普遍的認識の可能性という主題に進もうと思います。そして、この主題におけるキーワードは「本質学」です。

実証的データは参考資料にすぎない

フッサールの認識論の解明は、なぜ自然科学の領域では広範な客観認識（普遍的認識）が成立し、人文科学ではそうではないのかという問いに、次のような明確な答えを与えます。自然科学の基本方法は、フッサールが示したように、自然事象の「数学化」です。簡潔にいえば、自然事象の一切に数による単位を与え、いわばその存在、性質、生成変化の因果のすべてをデジタル化して統一的に記述するのです。これが実証主義の方法の基本です。そして自然の諸現象は人間の一般的な身体性に対して、ほとんどの場合一義的な因果性をもっているので、この領域では、性質とその因果性のデジタル化は可能であり、このことで認識は広範な共通了解として成立するのです。

しかし人文科学の領域ではどうでしょうか。たとえばまず政治学。ここでの中核的問題はどのような政治制度が人間にとってよいかであり、すなわち人間的価値の問題を含みます。歴史学ではどうか。ここでも歴史の意味とは何かが中心的問題になる。すなわちまさしく人間存在の意味と価値についての解釈こそが、問いの中心となる。これらの領域では、人間や社会についての価値観が第一義の問題であり、事象の生成変化の因果性を定量的にデータ化し、デジタル化することは、この第一義の問題を支える基礎ではあるけれど、決して中心的問題ではない。できるだけ簡明にいわなくてはいけないことは、政治学や歴史学といった学問でなにより重要なのは、人間にとってよい社会や人類の進むべき方向性が何かという問いだということ、そしてこの問いには、もともと正しい答え（真理）があるというわけではない、ということです。事実の問いには、ほとんどの場合「正解」あるいは客観的真理といえるものがある[9]。しかし人間的な価値や意味の問いについては、正解-真理は存在しない。しかしこのことはまた、このような問いには、どんな答えも存在しないということを意味するのでもない。この事態の適切な理解がきわめて重要なのです。

現象学的な発想ではこうなります。どのような社会が人間にとってよい社会なのか、あるいは社会はどのような方向へ進むべきか、こういった問いは「本質」の問いです。本質の問いには、あらかじめ存在す

---

[9] ただしカントのアンチノミーが示すように、検証の可能性がはじめから存在しないものでは、やはり正解や真理は存在しない。

る客観的答えや真理はないが、しかしこの問いについての「正当性をもつ合意」ならば、われわれはそれを取り出せる可能性をもっている、ということなのです。

人間の社会というものが、これまである種の社会学が考えてきたような自立的な有機体的システムなのであれば、定量的方法は社会学や政治学において決定的な有効性をもつでしょう。しかし残念ながら、社会というものは自然的な存在者としてのある自立的な事物でもシステムでもない。それがそれ自体としてどのように存在するのか」という問いは、ここでは無意味です。それは人間の生活にとってどうあるべきか、という問いが深められ、さまざまな考えのなかから誰もが納得しうる合意が取り出しうるかどうかが、この領域における中心的問題なのです。そして実証的なデータというものは、そのような合意を適切に形成するための誰もが利用できる参考資料にすぎない。エヴィデンス主義というものが、実証主義的なデータを追いつめることこそ客観認識に近づきうる唯一の方法である、という信念のうえに成り立っているなら、そのような考えは、事態の本質からいって根本的に顚倒しています。すなわち自然科学の実証主義的方法がそのままで人文科学に適用できるという暗黙の信念は、大きな罠に落ちこんでいるのです。

心的なものを「自然化」してしまった心理学

この事態をきわめてよく象徴するのが、現代心理学の進み行きです。

フッサールは『危機』で、近代の心身二元論がこの謎を解明できなかったことが、認識問題が克服不可能な問題となった根本原因である、といいます。近代以後の心理学は、すでにみたように基本的に実証主義的方法をその基礎方法として展開してきました。しかしそこでは、上述したような「認識問題」について根本的な洞察が行われたことはなかった。フッサールによれば、そこで生じたのはなにより「心的なものの自然化」という事態です。これはどういうことか。「心的なもの」を自然存在とみなし、心の諸現象を、あたかも自然事物に対するように定量的に分析し理解することによって、その本質を認識できるという考え、これが「心的なものの自然化」です。

フェヒナーやヴントからはじまる近代の実証的、実験的な心理学は、この基本方法のうえで展開してゆきました。この発想はやがてワトソンが提唱した「行動主義心理学」で一つの極点にまでゆきつきます。そこでようやく、心的なものの本質を端的に自然的なものとして扱うことから現われる矛盾が気づかれて、そのリアクションとしてゲシュタルト心理学が登場してくる。メルロ＝ポンティは、ゲシュタルト心理学の動機を受け継ぎながら、心的なものとしての身体論の思想を展開し、現代の実証主義心理学のありようを厳しく批判しました。しかし、このような反省の動きにもかかわらず、一方で現代心理学は、実証主義的、定量的方法をいっそう加速させ、現在では、脳科学とコラボするような認知心理学、認知科学の領域へ踏み込んでいます。

人文科学における普遍認識はいかにして可能なのか

ちなみに、欧米系の分析哲学の基本方法は論理相対主義ですから、その主流は、こういった現代の厳密な実証主義に対する相対主義的な批判という方向に進んでいます（言語哲学、科学哲学など）。しかし現象学的観点からいうと、相対主義はただ客観認識を〝相対化する〟ことしかできず、認識問題の本質的な解明へといたる可能性、あるいは方法の原理をもっていない。そのため、ここでの真理主義、客観主義批判は、やたら煩瑣になるがいくら読み進んでも明晰、判明な本質の理解には行き着かない、スコラ議論の山のようになっているのです。

フッサールの現象学の方法には、「認識問題」あるいは「認識の謎」を解明する、ある意味できわめてシンプルな方法原理があります。それが現象学的還元です。「現象学的還元」という方法はその名前はよく知られていますが、それがどのようなものかについては煩瑣なスコラ的議論が生み出されているために、一般の人にはほとんど理解されていない。そこにはフッサールの弟子筋の現象学者たちについてのやや入り組んだ事情がありますが、それはしょり、ここでできるだけ簡明にもういちど解説をおいてみます。

現象学的還元の方法は、なによりまず、ここで見てきたヨーロッパの認識問題（主観－客観の一致問題）を解明するための独自の思考原理です。伝統的な現象学者はまずこの点を十分理解していないことが多い。ここに定位しないとその方法の意味がわからず、そのためにさまざまな煩瑣な解釈が出回っているのです。

現象学的還元の方法の基本は二つ。①客観（対象）が存在する、という暗黙の前提をいったんなしにする（エポケー・判断中止）。②するとすべての認識は、何ものかが存在するという確信（存在確信）とみなされる。③この存在確信が、どのような条件で主観（意識）のうちで構成されるかについての、共通の構造と条件を取り出す（観取する）。根本はこれですべてですが、ここにさまざまな解説を加えるほどわけがわからなくなってくるのが通例です。しかし、そしてこの三つの原則を、認識問題を解明するための考え方の原則、と考えれば、事態はまったく明快です。

ちょうどデカルトが懐疑論を打ち破るために方法的懐疑論をおいたように、フッサールは、独我論を打ち破るために方法的独我論を取ります（フッサール現象学は独我論だという素朴な批判が蔓延していますが）。

方法的独我論をとると、一切の認識は確信です。そしてそれはすでに述べたような三種類の確信、①主観的確信　②共同的確信　③普遍的確信に区分されます。そしてこのうち③普遍的確信となりうる認識だけが、われわれが客観認識、あるいは普遍的認識と呼んでよい確信－認識である、ということになります。そして、このことで、認識問題の謎が解明されています。

第一に、「主観－客観の一致は証明されない」という難問は、客観存在を前提しないので消えてしまう。

第二に、一致が証明されなくとも、客観認識、普遍認識の成立する可能性の条件は確定される。

第三に、このことによって、一般的な善悪や正義、不正義の条件の普遍性もまた、探求されうることになる。

相対主義では、主－客の一致は原理的に証明できない。したがって、客観認識は存在しえない。したがって一切の認識は相対的、どんな根拠ももちえない、となる。つまり善悪や正義・不正義の根拠もすべて相対的だという結論しか出てきません。ここが決定的に違うところです。

さて、現象学的還元の方法は、このように認識問題の謎を解明します。そしてもっと重要なのは、この発想の転換によって、人間的領域で欠かすことのできない善悪や正義・不正義の問題、つまりものごとの「本質」の問題を探求する道が開かれるという点です。それを象徴するのが「本質学」の概念、そしてそれを支える方法としての「本質観取」なのです。

いまや、なぜ自然科学の領域で成立する客観認識の方法が、人文科学の領域では大きな異説の対立としてしか現われないのか、という問いには答えが出ていますが、では人文科学の領域における普遍的認識はいかにして可能なのか、というつぎの課題が問題となります。フッサールはこれにどう答えたか。ひとことでいうと、「本質観取」の方法を人文科学の領域に適用することによって、人文科学の領域における普遍認識の可能性を推し進めることができる、というものでした。しかし、大きくいえば、「本質観取」をどう人文領域に適用するのかについては、残念ながらフッサールは、基礎論については詳細すぎるほどの議論を起こしましたが、その具体的な展開についてはほとんど仕事を残していません。

そこで、つぎにわれわれが参照すべきなのがハイデガーの実存論と存在論の仕事なのです。

第3節　本質観取とは何か

まず、フッサールの人文領域における普遍的な本質学の構想は、そもそも認識の普遍性というものがどのような条件のもとに可能かという問いについての、根本的洞察に基礎づけられています。これもごく簡明にいいますが、自然領域ではその現象と因果関係を数学化、デジタル化することが客観認識を成立させるための根本です。しかし人文領域ではこの方法は無効です。何が必要なのか。すでに示唆したように、政治学や社会学においては、人間にとってよい社会とは何かについての本質認識が必要ですが、しかし、人間にとって何がよい社会かについての「本質」とはいったい何を意味するのか。二つの問いがまず重要になる。

第一に、よい社会とは何か、についてさまざまな考え、意見があるけれど、そこから合意を取り出すことができるか、ということ。

第二に、そもそもこの問題についてさまざまな違いから合意を取り出せる可能性の原理があるのか、ということ。

こう考えると、人文領域において、実証主義的方法によってのみ普遍的認識を取り出すことの不可能性がよく理解できるはずです。では、フッサールは、人文領域において普遍認識を確保するための方法、すなわち「本質学」の中心的方法をどのように構想していたのか。認識問題の解明の中心方法は現象学的還元という方法でしたが、本質学の中心方法は「本質観取」です。ここで「本質観取」とはどのような方法かについてもう少し詳しく考えてみたいと思います。

「現象学的還元」の方法

「本質観取」は「形相的還元」という言い方もありますが、本質学の構想において最も重要な概念です。基本は現象学的還元という方法の展開形です。現象学的還元という方法の核心は、認識論の解明のためにあらゆる認識を主観の確信－信憑へと還元して考えることですが、フッサールの恐ろしく難解な説明とは裏腹に、その根本のアイデアは驚くほどシンプルです。少し具体的な例でいってみます。ふつうわれわれは、「目の前にリンゴがあるから、私には赤くて、丸くて、つやつやしたものが見える」と考えます。ここでは、対象の存在が原因で私に見えているもの（＝対象の認識）はその結果です。還元の方法は、方法的に、つまりある目的のためにわざと、この考え方を逆転します。すなわち「ここにリンゴがあるから、赤くて丸いものが見える」を、「いま私に赤くて丸くてつやつやしたものが見えている。だから、私は目の前にリンゴが存在しているという確信をもつ」と考えます。ここでは「私にこう見えている」（対象の認識）が原因で、「リンゴがあると思う」（対象の存在確信）が結果です。つまり最も大事な要点は、はじめに対象存在の実在を前提しないこと、です。その代わりにすべてが私の確信の世界なのだ、と考える。そしてつぎに、ここが最も大事ですが、私に生じているこの確信の条件を考えてそれを取り出す。基本としては、この確信条件の取り出しを、「本質観取」とか「本質直観」とか呼ぶのです。

「本質観取」――ことがらや概念の核心にある意味を観取すること

リンゴのような事物対象がいまそこに存在している、という確信が私に生じるための、内的な根本条件は何でしょうか。誰にも理解されるはずですがその中心点は以下です。

①対象像が、知覚の形式で（ありありとした像として）私に現われていること（所与されていること）。
②では対象像が知覚像として所与されていることの（確信）条件は何か。

まず想像や記憶の像とは違うありありとした顕在性。つぎに射映という仕方、つまり対象の全体像が一挙にすべて所与されるのではなく、一面が少しずつ現われてくる。

③もう一つ最後に、最も大事な点。そのような知覚像が、つねに対象の調和的な全体を予期させて連続的に所与されていること。つまり全体確信の調和が連続的に続いていること、です。

こうして対象像が私に、顕在性（ありあり）、射映（一部ずつ）、連続的調和（予期が裏切られない）、という条件において所与されているとき、〝誰であれ〟そこにリンゴという対象が存在しているという確信をもたざるをえない。これが現象学的還元の最も基礎的範例像であって、フッサールが『イデーン』〔10〕などできわめて細かく論じていることです〔11〕。

「還元」は、こうしてなによりまず、「対象存在の確信成立の条件」を観取するための方法です。そして、この方法を、対象存在についての確信ではなく、ことがらや概念の核心にある意味を観取するために応用するのが「本質観取」の方法なのです。

フッサールの解説としては、『経験と判断』〔12〕に「本質観取」についての比較的まとまった記述がありますが、はっきりいってあまりよい解説とはいえず、余計に読者を混乱させる面があります。本質観取の方法については、むしろ具体例を見るのが早道ですが、その最も優れた範例が、フッサールよりもむしろハイデガーにあります〔13〕。

ハイデガーの優れた「本質観取」

『存在と時間』でハイデガーは、本質観取の方法を応用して見事な人間分析を行います（現存在分析）。つまり人間の存在様式（実存）の本質観取といえるものです。ハイデガーの本質観取がどのようなものか、

〔10〕邦訳に『イデーン』（渡辺二郎ほか訳、みすず書房、全五冊、一九七九－二〇一〇）がある。
〔11〕その記述が顕微鏡的に詳細すぎて、ほとんどの読者に、何がいわれているのか理解がきわめて難しいのが難点。
〔12〕邦訳に『経験と判断』（長谷川宏訳、河出書房新社、新装版、一九九九）がある。
〔13〕ただし『存在と時間』に限定される。その後の後期著作で、ハイデガーの優れた本質観取の範例はほとんどみられない。その理由はのちに述べる。

かいつまんで説明してみましょう。

『存在と時間』第15節でハイデガーは、実存する人間にとっての「環境世界Unwelt」（われわれの周囲の世界）、そしてそこに見出されるさまざまな諸対象の存在本質が何であるかについて、本質観取を行います。その要点は以下のようです。

実存する人間にとって身の回りの諸対象を、ハイデガーは「道具的存在」と呼びます。道具的存在とは、そのつどの人間の実存的な企投目的（＝こうしたい、かくせねばならない）にとって、その手段性（道具性）となる対象のことです。たとえば目の前に机がある。この机が「何であるか」は、ふつうはその大きさ、材料、一般的用途などで規定されます（木やスチールで座って作業するのに適した大きさ、強度をもつ、多く四本脚等）。それが一般的な「机」の概念です。ところが、実存する人間のそのつどの企投（欲望・関心）にとっては、いまここにある机は必ずしもそのような一般的概念として規定されえない。たとえば、いま私が天井の電球を取り替えたいと思うとき、この机は、適度な高さと強度をもつ踏み台としての役割（道具性＝～のために、～として）を果たします。これを彼は、身の回りに存在する諸対象は、実存する人間のそのつどの企投（気遣い・欲望・関心）に応じて、やはりそのつどその道具的（手段的）本質を現わしてくる、といいます。つまり、いまこの机は、自分の身を支えるのに適度な強度をもち、足を支えるのに適度な平面を備え、また適度な高さを提供してくるような物質性として、その存在を「開示」してくるわけです。

つまり重要なのは、身の回りの諸対象の第一義の存在本質は、人間の実存的企投に対してそのつど道具性（手段性）として自らの存在意味を開示するもの、という点にあります。われわれは生活のなかでたえずさまざまな欲望・関心をもって生きている。回りの事物存在は、そのつど私の企投にとっての、何か有用なもの、無用なもの、適当なもの、不都合なもの、使い勝手の悪いもの、といった存在意味を開示する。これを一言でまとめるとこうなります。身の回りのさまざまな存在者の本質とは何か。それはたとえば「机」とか「椅子」とか「部屋」という言葉で示される一般概念によっては表示されない。そのつど私の欲望・関心にとっての相関者として存在する存在者であること。そのような欲望相関的な存在者によって取り囲まれていること。それが実存的な意味での「世界の世界性」である。これがハイデガーの本質観取の例です。

ごく簡潔にもう一つ例を挙げましょう。29節以下、ハイデガーは「現の実存論的構成」というタイトルで、人間実存の本質は何か、という問いをおきます。つまり単なる事物存在、また概念的な存在者とは異なった人間存在の独自の本質は何か、という問いです。ハイデガーは、これに対して、三つの本質契機があると答えます。「情状性」「了解」「語り」です。わかりやすくいうと、気分（情動）が動いていること、自分の存在状態〈情動として存在していること〉を理解し対象化（了解）していること。そして、この了解がすでに言語的形式として存在していること、です。

この人間存在（＝実存）の本質分析の卓越性についても、ここでは十分に論じることができません。しかしあえて整理していうと、人間存在とは、ハイデガーによれば、つねに自分の回りの世界に対してある関心や欲望、感情にうながされ、それにおされてたえず何かをめがけて企投しつつ生きている存在、そしてそのような自己の存在をまたたえず〝問題にしつつ〟、自己存在への存在配慮として生きている存在である、ということになります。これがハイデガーの人間存在の本質観取です[14]。

誰もが納得できるものごとの本質を取り出す

本質観取の方法においてなにより大事な点は、このような諸存在者（対象や概念）の本質の洞察については、誰もが自分で試みてこれを再確認することができるということです。たとえばハイデガーの本質観取は、その確度と成否を、誰でも自分のなかで内省しつつもう一度確かめ直してみることができます。私はうけあいますが、身の回りの諸事物対象の本質存在や、人間実存の存在本質の本質観取などは、誰がやっても、表現が多少異なっても、ハイデガーがつかみ取ったものに近くなってゆくはずです。ある場合、ハイデガーの本質観取を超え出てさらに重要な本質を取り出す可能性は誰にもありますが、少なくともここにあるものを完全に否定し対立するような仕方で本質が取り出されることはありえないと思います。まさしくこの点に、本質観取の方法の独自性があるのです。

たとえば「世界は神が創造した」という説と「世界は自然発生した（ビッグバンのような）」という説とはまったく相容れず、背立的です。片方がたてば片方がたたないアンチノミー（二律背反）的理論です。これは哲学では両者とも正しさを検証できない形而上学説とされます。つぎに、「人間の認識は感性、悟性、理性という枠組みでできている」というカント説。これはかなりそれらしいけれど、人間の観念世界の実体的構造は解剖できないので確証されない。「人間の認識は脳の複雑な情報回路でできている」という説は、カント説とやはり折り合わないけれど、どちらもやはり検証されない。

もっとわかりやすい例では、人間は性善か性悪かという対立も本質的に、答えが出ません。現象学は、このような認識一般の可能性の条件、つまり普遍的認識が成立する条件を追いつめる学なのです。そして本質観取の方法の重要な点は、この方法は、ある問題を立ててこの問題は誰にとってもこう考えるほかはない、という道すじのみを探して進んでゆく方法として整備されているという点です。対立的、背立的な仕方で複数の答えが現われるような答え方には、どこかに独断性や相対主義が隠れていると考えてよい。そうではない仕方で誰もが納得できるものごとの本質を取り出す方法が本質観取の方法です。したがって、本質観取にはさまざまな限定と条件がつきまとい、どんな問いにも確実に本質的な答えが出る、というわけではありません。

質的研究における現象学適用の二つの流れ

ともあれ、本質観取の方法が人文領域の本質学にとって不可欠な方法である理由がここにあります。人文領域は、自然科学の方法とちがってことがらについての価値や意味の問いが大きな要素になっている。ことがらの本質をどのように適切に（つまり普遍的な仕方で）取り出すことができるか。単なる実証主義、エヴィデンス主義は、この問題に十分にアクセスすることができないのです。現象学の方法が質的研究の領域から注目されていることにはそういう理由があるわけです。

しかし、ここでもう一つ問題があります。質的研究における現象学の適用という観点からいうと、現在

[14] ここではこれ以上挙げないが、優れた本質観取の範例は現象学者の専売特許ではなく、プラトン、ヘーゲル、バタイユなどといった哲学者にもきわめて優れた本質観取がみられる。

二つの大きな流れがあると思います。一つはフッサールの「還元」と内省の方法を主な軸とした理論と、もう一つはハイデガーからリクール、ガダマーへと継がれている解釈学の系譜にその主軸をおく理論です。そして、この二つはややもすると理論的に対立的な関係を作り出している。いま、なぜ現象学の方法、とくに本質観取の方法の適用が実践領域において重要なのかについて述べましたが、現実には、フッサール的現象学とハイデガー発の解釈学の異同が明確に理解されておらず、かなりの混乱があるように思います。

そこでまず、哲学的な地平から、フッサール現象学の基本方法とハイデガー存在論－解釈学の基本方法の違いを、できるだけ大きく素描してみます。ここには哲学的、現象学的な観点からみてなかなかこみ入った事情があり、一般の読者にとってそれを理解するのは容易なことではないからです。

第4節　本質学と解釈学

少し戻って大きな整理をしてみます。はじめに、ヨーロッパにおける実証主義的認識方法と哲学的認識方法の大きな対立について述べてきました。近代哲学はヨーロッパの普遍的認識の学として登場したわけですが、汎神論的世界観を十分に克服できなかったために、それは、コント以後、自然科学の方法にもとづく実証主義的認識方法から強い批判を受け、普遍認識の学としての主流の座を奪われます。以後、ヨーロッパの人文科学は実証主義の方法を根本的基軸として展開してきました。しかしここでは諸学説の乱立と対立という事態が生じ、人文領域における意味や価値の問題について、実証主義的方法の有効性が疑問にふされ、哲学が再び実証主義的思考の対抗として現われます。その流れのなかから、フッサール現象学がこの問題の本質的解明をめざして登場したのです。何度もいいますが、ことがらの価値や意味の問題に注目する質的研究が現象学的方法に注目することの背景には、そのような事態が潜んでいるわけです。

さてしかし、質的研究への現象学的方法の適用について一つのやっかいな事情があります。それはフッサール現象学とハイデガー存在論（そして解釈学）における重要な違い、あるいは対立です。

フッサールとハイデガーの分かれ道

フッサール現象学の第一の中心課題は、ヨーロッパ哲学における認識問題の解明ということであり、現象学的還元がそのための根本方法です。第二の課題が人文領域における「本質学」の立て直しであり、本質観取がその根本方法です。これについてはかなり詳しく説明しました。さて問題はハイデガー存在論です。

ハイデガーはフッサールの直接の弟子で、はやくから師匠によって現象学運動の次代の担い手として大きな期待を寄せられていました。そしてハイデガーは期待にたがわず『存在と時間』という大著を著し、そこで自分の存在論哲学の根本方法は現象学の方法であるとマニフェストします。またすでにみたように、『存在と時間』においてハイデガーは、フッサールから学んだ本質観取の方法を見事に駆使して、人間存在の本質を分析してみせました。この現存在分析は、現象学の人間学的本質学への適用の記念すべき第一歩であり、けっして打ち消しえない大きな業績といってよいものです。しかしハイデガー哲学には、この本質学としての実存論哲学という側面に加えて、もう一つの重要なモチーフがありました。それが「存在の意味」つまり「存在の真理」の探求をめがける哲学、というハイデガー「存在論」の側面です。

ハイデガーにとっての現象学

ハイデガーはこう主張します。自分の存在論哲学の最も中心的主題は「そもそも存在とは何か」という問いの探求である、しかしこの「存在の意味」「存在の真理」の探求のためには、必要な順序がある。いきなり「存在」の真理をたずねることはできないので、その準備としてまず人間存在の本質を問わねばならない（実存論）。人間存在の探求を通してはじめてわれわれは「存在そのもの」の問いへと進むことができる。つまり人間実存の本質学は、ハイデガーにとっては「存在の真理」という根本主題に迫るための予備考察とされるわけです。

現象学は、「アポファイネスタイ・タ・ファイノメナ、すなわち、おのれを示す当のものを、そのものがおのれをおのれ自身のほうから示す通りに、おのれ自身のほうから見させる」（『存在と時間』第5節）という仕方で理解されねばならない。つまりこれは、現象学についてしばしばいわれている「事象自身に帰れ」という意味にほかならないが、しかしこのことは、まだ現象学の方法の「形式的な意味」を示すにすぎない。われわれが存在論の深みへ踏み込むには、現象学の概念がもつ形式的な意味は、より本質的な概念へと展開されねばならない。そうハイデガーはいいます。

ハイデガーによれば、「現象」とは「存在者の存在」（存在の真理）が〝隠蔽〟されていることを意味する。しかしまたそれは、存在の真理がそのまま保持されていることをも意味し、したがって存在論は、存在の真理を暴露するための方法でなければならない。そして、この存在の真理を取り出す「現象学的記述の方法的意味は解釈である」とされる。こうして、「現存在の現象学は語源的な語義における解釈学」であり、この解釈学は、「あらゆる存在論的な根本的探究の可能性の諸条件を仕上げるという意味での『解釈学』になる。」（同上）

このなかなかこみ入った主張の要点は以下です。

現象学は、人間の目には隠されている「存在の真理」をさまざまなことがらの〝解釈〟を通して〝露わに〟するための独自の方法である、と。しかし、このような現象学の方法の根本的理解は、フッサール現象学の根本理念とは大きく隔たったもの、あるいはむしろまったく対立的なものです。

後期ハイデガーの哲学

ハイデガーは、現象学の本質観取の方法を使って、人間実存の本質学を見事な仕方で始発させました。しかし、これを踏み台として、人間の関係論や社会論へと展開する方向、すなわち本質観取の方法の人文学的領域への展開、という方向には進みませんでした。彼の哲学の根本動機は、あくまで「存在そのものとは何か」、「存在の真理」ということの探求にあったからです。では「存在の真理」の探求とはいったいどういうことか。これを十分に理解するには、おそろしく大量に書かれた後期ハイデガーの著作を渉猟する必要があります。しかも後期になるほどその文体は、預言者的な謎語法として完成されてゆき、一般の読者には何をいっているのかほとんどチンプンカンプンな文章になる。しかしその内実を要約してみると、意外にシンプルなことが主張されていることが見えてきます。

かなり後期作に『形而上学入門』という著作がありますが、ここでハイデガーは「存在の真理」への問いとして、次のような問いを設定します。「なぜいったい、存在者があるのか、そして無があるのではないのか?」(Warum ist überhaupt Seiendes und nicht vielmehr Nichts?)そしてこの問いは「すべての問いのなかで第一の問い」、すなわち存在についての最も始元の問いである、といいます。この問いに答えることが「存在の真理」の問いに答えることなのです。すこし乱暴にいえば、これは一九世紀の終わりにニーチェが、ヨーロッパ哲学の〝形而上学探求〟を解体するべく、この世界を超えてどんな超越的な世界の意味も存在しない、とマニフェストしたことへの自覚的な対抗といってよい[15]。

なぜ世界は存在していて、一切は無である、というのではないのか。つまりなぜそもそも存在があるのか。この問いは、ニーチェ的観点からは、偶有性の問い、つまりたまたまそうあるとしかいえず、またその根拠を遡行することが原理的に不可能であるような問いです。ニーチェは、伝統的形而上学がこのような〝根拠の根拠〟の問いを問い続けることを批判し、伝統的な形而上学的問いを終焉させようとしました。それがニーチェ哲学の第一の核心です。しかしハイデガーにとっては、ニーチェ的な世界の超越的意味の終焉の宣言は耐え難いこと、許容されえないことでした。ハイデガーの後期思想は、ニーチェ哲学に対する決死の格闘の痕跡だといえます。そしてこれがうまくいっているかとなると、どうしてもそうはいえません。

ニーチェの形而上学(=本体論)の解体の主張に本質的に対抗するには、その形而上学批判の核心を十分に受け取ったうえで、なお形而上学的問い(存在の真理への問い)に正当性があること、人間にはそれを問う理由があり、またそれに答えが与えられる〝可能性の原理〟が存在することが、提示されねばなりません。しかし後期ハイデガーの哲学は、いうなれば、ひたすら「存在の真理」が問われ続けられねばならないことの謎語法的強調に終始しており、その〝可能性の原理〟を打ち立てることに成功したとはいえません。つまり難解な文章の覆いをはがしてその内実を露呈させてみると、存在の真理については決して答えが出ないが、しかし答えの出ない存在の問いについて問い続けることこそが哲学の思考にとっての本質である、という伝統的な（言い古された）〝回答〟に結局のところ回帰しているのです。ただし、後期ハイデガーが、そのようなどんな答えにもゆきつかない難解な存在の問いの勧めに終始していることを理解するには、数年、場合によっては十数年、難解なハイデガーのテクストを読み続けないといけない。真理は、いわば「語りえないもの」として深く隠されているものであるからこそ真理である。これが後期ハイデガー哲学の要諦です。

ハイデガー「解釈学」の〝禁じ手〟

さて「解釈学」です。ハイデガーのいう「解釈学」は、もともと「存在の真理」については単にフッサールのいう現象学的な本質観取だけではだめで、それを超えてさらに人間の存在本質に解釈を与えて「存在の意味」「存在の真理」を取り出さねばならない、という意味で使われていました。つまり〝存在解釈〟によって「存在の真理」に迫る、ということです。しかしフッサール現象学では、存在の解釈という考え方は不合理であるだけでなく、むしろはっきりと〝禁じ手〟とされているのです。現象学では、あら

［15］そのことはハイデガーの大著『ニーチェ』を読むとよくわかる。ハイデガーはここで、ニーチェこそヨーロッパ哲学の悪しき「形而上学」の完成者である、といういわば反転された批判を行っている。

ゆる「解釈」は主観の確信－信憑であり、それが間主観的に共有される条件を追いつめないかぎり、普遍的なものとして定立されないからです。その例を挙げてみます。

ハイデガーは人間存在の本質を、情状性、了解、語りという三つの契機として本質観取しました。すでに触れましたが、これは誰もが確証でき、一定の納得を生み出すような本質の取り出しの卓越したモデルです。しかしこれに続けてハイデガーは、唐突な仕方で、こう主張します。

……現存在は、差しあたってたいていは、おのれの世界のほうからおのれを了解しうるのである。さもなければ了解は、第一次的には、目的であるもののうちへとおのれを投げ入れるのである、言いかえれば、現存在自身として実存するのである。了解は、おのれの固有な自己そのものから発現する本来的な了解であるか、非本来的な了解であるかのいずれかである。〔16〕

人間はたえず自己存在を配慮しながら、そのような自己のありようを了解しつつ実存している。そして人間の自己存在了解は、「本来的な了解」か「非本来的な了解」かの〝どちらか〟である。日常的には（ふつうの生活のなかでは）、人間の自己了解は「非本来的」であるが、人は、何らかの契機で「本来的」な自己存在了解へ立ち戻れる可能性をもっている……。これがハイデガーの主張の要点です。

非本来的な自己了解とは、「本来的な」自己了解をあいまいにして隠蔽するものです。だから人間はどこかで日常生活から離脱して、自己の存在の本来性について考え、本格的実存の自覚を獲得しなければならない。そのきっかけをつかむのが「死の観念」であり、本来的実存の自覚は、死に先駆してほんとうの生き方をしようと決意するところにある（先駆的決意性）、という具合にハイデガーの議論は進んでゆきます。

わたしの考えをいうと、実存の本質契機としての情状性、了解、語りは、見事な本質観取ですが、人間の存在了解が、「本来的」か「非本来的」かのいずれかであるというのは、ハイデガーの独自の〝存在解釈〟です。そしてこの実存解釈は恣意的であり、反対論がいくらも成り立ちます。ハイデガーの『本来性－非本来性』の概念が、人間は自己の実存（生の一回性と交換不可能性）をよく自覚しているか、自覚していないかのいずれかである、という意味であるならまず誰でも理解できます。しかし、ハイデガーの「本来性－非本来性」は一つの倫理的な理想理念として立てられており、共同体やその歴史がもつ善や運命への関与、といったことが含まれます。つまり、人間はふだんは「非本来性」のなかで自分を忘れているが、その覆いを取り払うことで「本来的」な生き方へと向かうことができる。そして「本来的」な生き方とは、ハイデガーによると、民族やその歴史の運命に自らを結びつけることなのです。

人間は倫理的存在たろうとするか、それを配慮しないかのいずれかである、という言い方ならば、多少極端ではあるけれど、まあそういえないことはない。しかしハイデガーをして、人間の倫理性を共同体の歴史やその宿命に結びつけさせるのは、彼独自の人間存在解釈です。つまり、ヨーロッパ人は存在の真理を忘却して頽落（非本来的に存在すること）しており、ドイツ民族は、歴史的に、この存在忘却からヨーロッパ人を目覚めさせる使命をもっている、うんぬんの存在解釈です。

［16］『存在と時間』31節（原佑訳、中央公論社、二〇〇三）

本来性と非本来性の概念を、もう少しゆるやかに、人間の生き方、その目標としての「ほんとう」という具合に理解するなら、それはソクラテスやヘーゲルの人間哲学と重なってきます。しかしたとえばヘーゲルでは、この「ほんとう」（ヘーゲルの術語は「絶対本質」です）は、特定の目標ではなく、事そのものという社会的な営みのフェアなゲームのなかで、つまり相互的な批評関係のなかで「普遍的によいもの」として育て上げられるものです。人間はここに向かうべきだという特定の目標は設定されていない。人間社会を自由の相互承認のゲームとみなす観点からは、それがとても重要な点です。しかし、ハイデガーの「存在の探求」における「本来性」と「非本来性」は、人間の実存がある特定の目標、理念にむかうべきであるという一つの要請になるのです。

要するに存在解釈というとき、この解釈がある哲学者の特定の価値観を担うにすぎないのか、それとも誰にとっても納得のゆく間主観的合意となりうるものかについての原理的方法論を（まさしくそれがフッサール現象学の重要な原理でした）、ハイデガー存在論‐解釈学は欠いているのです。

ハイデガーの「解釈学」の概念は、リクールやガダマーといった後継者をもちます。ここでもフッサール現象学とは大きな対立点が現われます。彼らは、ハイデガーとは少し違った場面から、現象学における〝まったくの無前提から考える〟という基礎方法に異議をおきます。そして、ハイデガーの存在解釈の基本テーゼ、あらゆる認識はすでに予備的な解釈によってのみ可能である、というテーゼをこれに対抗させます。たとえば、「直観への還帰というフッサールの要求に対立するのは、解釈（interpretation）によって媒介されることがあらゆる理解（comprehension）にとって必然的だという点である。」[17]というリクールの言葉はこれをよく象徴している。およそ何かが認識され理解されるには、まっさらで無前提な理解の立場というものは存在せず、じつは事前に必ず何らかの観点（事前の解釈）が必要である。ハイデガーが定位したこの認識における根本的観点が、フッサールには欠落している、というのです。

現象学における「時間性」

もう一つのポイントは時間性です。ガダマーはこういいます。フッサールによれば、どんな認識も意識の志向的な体験流のうちで構成される。そこで内省によってこの認識構成のありようを本質洞察すれば認識の本質構造を把握することができる。しかし、そもそも内省の対象たる志向的意識それ自体が、時間的、歴史的に構成されたものではないだろうか。個別的な主観の意識において妥当された認識構成の構造は、したがって「最終的な現象学的データ」とはいえない。どんな意識もすでにいわばその先構成的構造をもつ。これがガダマーの力点です。「それによって明らかになるのは、個別的な体験は、どれほどそれが構成された意味妥当性の志向的相関者としてそれなりの方法的意味をもっていようと、けっして最終的な現象学的データではない、ということである。」[18]

わたしは、べつのところ[19]でこのような「先構成」批判が、確信成立の条件を問うという現象学の方法の核心を理解しないところからくる誤りであることを詳論したので、ここでは繰り返しません。しかし

[17]「現象学と解釈学」ハイデガー『現象学の根本問題』所収（木田元監訳・解説、平田裕之・迫田健一訳、作品社、二〇一〇、三二一四頁）。
[18] ハンス＝ゲオルク・ガダマー『真理と方法 Ⅱ』（轡田收・巻田悦郎訳、法政大学出版局、二〇〇八、三九一頁）
[19] 竹田青嗣『超解読！はじめてのフッサール「現象学の理念」』（講談社現代新書、二〇一二）

つぎのことはいっておく必要があります。フッサールは、われわれの知覚や認識が、時間構造のうちにあることをよく自覚していました。そしてそれについての理論を、「発生的現象学」（時間的発生の現象学）という形で構想していました。この構想は十分に展開されたとはいえないうらみがありますが、しかし認識論として、ガダマーのような解釈学的構想よりははるかに本質的なものです。

ガダマーの主張のポイントはこうです。われわれのどんな存在認識や存在解釈も、現在時点の「意識」（現象学的意識）においては十全に成り立たない。なぜならわれわれの現在の意識がすでに「時間性」「歴史性」を含んでいるからだ。したがって、われわれが人間や社会や文化、歴史の本質にせまるためには、歴史認識のうちに入り込み、真摯な態度でそれと交流しなければならない……。このような理論は、人文領域における普遍的な認識の可能性の理論としてはまったく取り柄がないものです。なぜなら、このような観点から出発すれば、歴史認識に向き合う態度それ自体が、結局のところ個々の哲学者の価値観（解釈）に根拠づけられるほかないからです。哲学的にその方法の核心を取り出してみると、リクールやガダマーの解釈学の構想は、「予的な解釈の必然性」という原則を強調するあまり、さまざまな解釈の違いからどのような仕方で普遍性を取り出しうるか、という方法をまったくもっていないことがわかります。現象学が信念対立の問題を克服するために提示した根本方法を理解できなかったために、問題を、ふたたび、古い解釈学的な信念対立の水準に引き戻してしまっているというほかありません。

「本質観取」と「解釈学」——対立の核心

さて以上の要点はつぎのようになります。現象学は、人文領域において、そこで生じる意味や価値の問題に対して、いかに多様な対立を生み出す恣意的な解釈ではなく普遍的な認識方法としてアクセスできるか、という「本質学」の構想を提示しました。本質観取がその最大の方法です。実践領域における質的研究にとって現象学の理論が一つの重要な適用可能な方法であることは、おおいに理由のあることなのです。しかし、この分野では、フッサールに由来する「本質観取」の方法とハイデガーに由来する「解釈学」的方法とが並存し、ある場面では対立する、ということが生じています。この対立の核心はどこにあるか？

ハイデガーが『存在と時間』で示した人間の回りの対象存在（道具存在）や人間の実存本質についての本質観取の方法は、まさしく本質学の方法の展開の見事な範例であり、実践領域においてもこれはきわめて重要な見本になるものです。しかし、今見てきたように、ハイデガー哲学ではその先に「存在の真理の探求」という形而上学的な動機をもち、そこに由来する「解釈学」という方法は、むしろ普遍的洞察の方法としての本質観取とは相容れないものといえます。解釈学は、認識の普遍性の問題を克服するためのものではなく、存在解釈によって哲学的真理へと接近できる、という考え方にもとづくものだからです。そのため、無自覚的にこの方法を適用すると、結局のところ、ことがらについてのさまざまな解釈を並列させるだけになり、とくに、実証主義的なエヴィデンス主義からみると、ただ主観的な解釈が乱立しているだけだという批判を招くことになるのです。解釈という言葉を、ことがらの本質の観取という意味で使えば正当性がありますが、それには、個々の解釈がいかにして間主観的な納得（普遍的な認識）へと近づきうるかという方法的理論が不可欠なのです。

あることがらからこのような「本質」を取り出した、というとき、それが「解釈学」という哲学的権威の名のもとに正当化されていないか、ほんとうに間主観的な認識となる手続きをもって主張されているかどうかということが、つねに自覚されていなければなりません。そうでないかぎり、実証主義やエヴィデンス主義の批判を根拠をもって退け、現象学の方法を、実証主義の弱点を克服する新しい本質的学問の基礎として展開していくことは不可能です。

第5節　近代社会の理念的本質について

はじめの部分で、なぜ人文領域、とくに本書のテーマにかかわる医療、看護、介護などの実践領域において、実証主義的なエヴィデンス主義が大きな限界をもつのかという話を、哲学的な観点からしました。また、現象学の方法がなぜこの領域で特別の重要な意味をもっているかについて、またこの点に関して本質観取という独自の方法の意義についても、触れました。さらにもう一つ、いま質的研究に生じているフッサールに由来する本質観取を軸とする方法とハイデガーに由来する解釈学の方法の違い、その対立点についても話をしてきました。

つぎに、本質観取という方法の特質にもう少し踏み込んで、それが実践的領域における質的研究により適切に適用される可能性について述べてみたいと思います。

「本質」とは「意味」である

まず理解していただきたいのは、現象学でいう「本質」とは何か、ということです。これはテクスト解釈という形でやると、フッサールのテクスト自体が膨大だし、またその研究文献も山のようにあるのでなかなか簡単ではない。そこで思い切った整理をおいてみます。

現象学における「本質」のいちばん基礎的な意味は、単に「意味」ということです。フッサールの大事な「諸原理の原理」というテーゼがありますが、「それはわれわれの直観に、原的に（オリジナルに）所与されてくるものは、それ自体として端的に受け取らねばならない」というものです。そしてわれわれの意識に直観として所与される原的なものとは、フッサールによると、「個的直観」と「本質直観」の二つ、いいかえれば、ありありとした知覚とそれにともなって所与される「意味」です。私にいま「赤くて丸くてつやつやしたもの」が見えている。これがつまり個的直観（＝知覚直観）です。しかしこの知覚像には、同時に「リンゴ」という意味（「本質直観」）がともなっており、この二つの契機が意識に与えられることで、われわれは目の前の対象を、果物としての「リンゴ」として認識（じつは確信）できるわけです。まとめると、最も基本的な事物対象の知覚経験では、「知覚像」とこの知覚対象の「対象意味」（ノエマ）の二つが、基本要素です。そういうわけで、現象学における「本質」という概念のいちばん基本の意味は、「意味」ということだと考えてよい。

「本質」を「正当性をもった合意」と考える

さて、ここからのいろんな議論は大きくはしょります。人文領域の本質学においてとくに問題になるのは、事象、ことがらの「本質」ということです。みてきたように、ハイデガーが試みたのは、人間にとっての身の回りの事物対象の本質は何か、人間的実存の本質は何か、についての本質観取です。これを引き延ばすと、人文領域でとくに重要なテーマは、たとえば、社会の本質、歴史の本質が何であるか、芸術や美の本質が何であるか、道徳や倫理、善や正義の本質が何であるか、といった問いが現われてきます。少し先回りしていえば、じつのところ、これらの人文領域の重要な本質の問いを追いつめると、善や美、そして真の本質が何であるか、という、ギリシャ哲学以来の哲学の根本の問い（真善美の問い）にゆきつきます。これはべつに語呂合わせではありません。人文領域において最も中心となるのは「事実」が何かではなく、何が人間にとって重要なものかという人間的な価値の審級の問題であるからです。そのため、「本質」の問いが真・善・美の問いにゆきつくのは自然なことなのです。

だがまた、このことから、人文領域の本質学が大きな困難をもつ理由も明らかです。たとえば社会学や政治学では、どのような社会（政治）がよい社会（政治）か、という問いに対して普遍的な答えが見出されなくてはならず、芸術学では、どのような芸術が真に優れた芸術なのかという問いに答えなくてはならない。ふつうに考えると、そんな大きな問題に一つの明確な答えを出せるわけがないと誰もが思うでしょう。ヘーゲルが主張したように、近代社会では、さまざまな問題について、個々の主体が自分なりの「正しさ」の信念をもつ自由が確保されます。相互的な侵害が生じないかぎり、各人は各人の幸福と善や正しさを追求して生きることができる。そのことを相互承認しあっているということが、近代社会の暗黙の前提なのです。何が人間の幸せか、何がよい社会か、何が美しいか、などについて各人はそれぞれが自分の信念をもって生きることができる。そのようななかで、ことがらの真善美についての普遍的な「本質」を取り出すなどということは可能だろうか。あるいはむしろ、一つの普遍的な「本質」を取り出すことは、危険かつ有害なことではないだろうか。これが多くの人が直観的にもつこの問題の困難さです。

しかし、この疑問は、現象学における「本質」という言葉の内実をさらに深く考えることで、絶対的なものではなくなります。なにより重要なのは、「本質」を、唯一の真理、あるいは唯一の正しい答えといった観念として考えないことです。むしろ、わたしの言い方をおけば、「正当性をもった合意」と考えるのがよい。一つ例を挙げてみます。

「事実」を問う自然科学、「本質」を問う人文科学

たとえば「社会の本質とは何か」という問いを立ててみましょう。多くの人は、いくら「本質観取」の方法があるとはいえ、このような大きな問いに簡単に答えが出るわけはないと考えるでしょう。それはそのとおりです。しかし、ここで問題なのは、すぐにその答えを見出すことではなく、現象学的な方法ではこのような問いをどのような仕方で問い進めるかを理解することです。そして、まず理解しなければならないのは、「社会の本質とは何か」という問いは、事実として「社会とは何か」を問うことではない、という点です。

近代の実証主義的な社会学は、この点について十分に反省された方法をもちませんでした。ある学派は、社会を一つの自然存在のように捉え、たとえばその誕生と成長と衰亡についてのデータを多く集めて分析すれば、ちょうど生物学が有機体の存在様態を正しく認識できるように、社会の変化の法則を正しく認識できるはずだ、と考えていました。現代のシステム論の社会学などにもそのような発想が色濃く残っています。しかし、社会の本質の探求は、有機体や生命体の研究とはまったく異なった意味をもつのです。

自然科学の問いは大きくいえば「事実」の問いです。ここでは、自然世界がどうなっているのかを、そ

れ自体として正確に記述の体系にもたらすことに眼目がある。ただし、哲学的に厳密な仕方でいえば、自然世界を、あくまで人間がこれを最も適切な仕方で利用したり対処したりできるように、という観点（公準）から、誰もが共有できる知の形で分類、整理し、記述の体系として仕上げること、これが自然科学の目標です。ともあれ、ここでは何が〝よい〟自然であるかといったことは問題にならない。そこでは「事実」が共通了解の形で知識の形として把握されることが重要なのです。しかし、社会とは何か、とか、文化とは何か、あるいはまた教育とは何か、医療とは何か、看護とは何か、といった問いには、必ず何が〝よい〟社会か、よい文化か、よい教育か、といったことが観点として入り込んでくる。そしてこのような〝よりよい〟や〝より優れている〟ものが何かといった問いにおいては、すなわち単なる「真」ではなく「善」の本質を含む問題については、ことがらの「本質」が問われなくてはならないのです。

どういう社会が「よい社会か」？——本質を取り出すということ

どういう社会が「よい社会」か、あるいはすべての人に「納得的な合意」が現われうるような社会か。このテーマは、それ自体とても大きな問題でとうてい簡単に答えの出る問題ではありません。しかし、ことがらの「本質」ということを考えるうえでとても象徴的な意味をもつ主題です。そこでこの問題をあえて一つの範例として、「本質」を取り出すとはどういうことかを考えてみましょう。

このことは十分理解されているとはいえませんが、近代哲学者たちは、ほとんど例外なく近代社会とは何か、近代社会の本質をどう考えればよいか、という問いと格闘しました。ホッブズ、ルソー、スピノザ、ロック、ヒューム、カント、ヘーゲルなどです。彼らの共通の了解は、近代社会とは、伝統的支配の社会とはちがって、すべての人間の「自由」を確保し実現しうる社会だという点にありました。近代哲学者たちが、近代社会をどのようなものとして考え、構想してきたかのエッセンスを大きく総括してみると、そこで「社会の本質」についての思考がどのような仕方で進んできたかをよく読み取ることができます。

まず第一に重要なのは、彼らは社会というものを、神が人間に与えた自然な創成物ではなく、人々が暗黙にあるいは明約的に人為的に形成しているルールの束だと考えました。これがホッブズ、ルソー、ロックの社会契約説です。社会はルールの束である、という観点は、べつに絶対の事実というのではありません。社会は有機体のようなものだ、とか家族のようなものだとか、機能システムだというような観点も成立するからです。しかし、社会をこれまでの普遍的な支配構造から、各人の自由が確保される新しい社会へと変革してゆくには、社会はルールの束であるという観点は必須のものです。この考えによってはじめて社会は、人々の大きな合意によって原理的にその制度、構成を変化させられるような存在として捉えることが可能となるからです。

たとえば、それまでの巨大な支配社会、じつは文明発生以来、エジプト、ペルシャ、イスラム、インド、中国、そしてローマにおいて、例外なくうち立てられてきた絶対支配構造、つまりごく一握りの闘争的支配者と大多数の完全に隷属的な被支配者層をもつ巨大支配構造では、ほとんどすべての人間が、最強者を王（あるいは皇帝）と認め、王に一切の所有と権力の権限があると認めていた。そしてこの権限は、たいてい宗教的権威によって神聖な権利として認められていました。しかしいま見た新しい観点からは、王の巨大な権限は、ただ人々が習慣的に認めてきたルールにすぎず、したがって人々の合意が変われば、ただちに正当性を失うものとなります。ルソーやロックの考えは、いまや新しいルールがこれに取って代わり、政治の強力な権限は、人々の合意（一般意志）によってのみ正当化される、というものです。いまできるだけ簡潔に、カントやヘーゲルも含めて、近代哲学者たちがおいた、近代社会の本質（つまり原理）を、小さな差異は無視して要約すると、つぎの三つの項目にまとめることができます。

①各人が自分を自由な存在として自覚し、かつ互いにすべての他者の「自由」を尊重し承認する。（自由の相互承認）

②その結果、各人がまったく対等な権限で、自分たちの政治権力を作り上げ、対等な権限でこれを運営する。政治権力は人々の「一般意志」によって制御された法律と施策を行う（でなければその資格を失う）。（一般意志による社会制御）

③誰もが、対等に、ルール決定権限とルールの改変権限をもつ。（ルールに対する権利の対等）[20]

さて、哲学的にいえば、これが近代の哲学者たちによって追いつめられた近代社会の本質だといえます[21]。

近代社会の理念的本質

問題の要諦は以下です。いま私は、近代社会の本質が何であるかという問いについての近代哲学者の哲学的探求の要諦を大きくまとめましたが、ここには、現象学において「本質の観取」と呼ばれるものの一つの象徴的なモデルがあります。フッサールはそのことに自覚的でしたが、現象学の「本質観取」とは、哲学における優れた思考の本質を方法的に理念化したものです。だから、「近代社会」の本質についての近代哲学者たちの思考の要諦を総括すると、彼らが社会を単なる事実として探求したのではなく、その本質を取り出そうとして思考してきたことがよくわかるのです。

といって、近代哲学者たちによる「近代社会の本質」の思考が、完全にあるいは絶対的に正しいのだと考える必要はありません。じっさい、一九世紀以後、絶対支配体制から近代市民社会へと移行したヨーロッパの近代社会は、現実的にはさまざまな新しい矛盾を露呈し、そのために、近代哲学者が提示した近代社会の理念（＝本質）に対して、さまざまな反対理念が現われてきました。マルクス主義、反近代主義、民族主義的全体主義、宗教原理主義、ポストモダン思想などです。

たとえばマルクス主義は、万人の自由の解放よりも平等の実現という点により大きな価値をおくべきだと考え、ポストモダン思想は、むしろ、近代社会の競争的自由の考え自体が新しい支配を作り出す欺瞞的な理念であるとして、近代的社会理念に批判的です。これらの批判は、現代社会の現実への批判としては一定の有効性をもっていますが、しっかり考えれば、近代社会の本質の探求という観点からは、近代哲学者たちによる社会の本質的理念を十分に超え出るものとはいえません。ここがきわめて重要な場所です。

われわれが、人間にとって理想の社会とは何かと問えば、ただちにさまざまな価値観が現われ（絶対平等や絶対自由、また絶対宗教、絶対権威もありえます）、それらは相互に等権利で対立し、これこそ正しい考えだという答えが出て来るはずはありません。現象学的にこの事態の本質を考えれば、その理由は明らか

［20］このプランをもっとも端的に表現しているのはルソーの『社会契約論』である。
［21］これについては、竹田青嗣『人間的自由の条件』（講談社学術文庫、二〇〇六）で詳しく論じている。

で、人間にとって理想の社会とは何かという問いは、最も楽しくよいゲームは何かという問いと同じであり、その答えは原理的に存在しないからです。しかし、これまでの絶対支配の社会ではなく、万人が自由を確保しつつ共存しうる社会はどういうルールによって可能になるか、とわれわれが問うなら、この問いは、さまざまな理想理念が対立するという方向には進まない。むしろ誰もが納得できる可能な答えはきわめて限定されてくることがわかる。そしてその答えは、近代哲学者たちが考えた近代社会の理念に近づいてくることも理解されるはずです。

もし各人の自由の確保、という項目をはずせば、まさしくさまざまな理想的理念が可能になりますが、各人の自由が確保されつつ、それが普遍的な実力の戦いにならない社会はといえば、おそらく一つしかありません。つまり、先にみたように、各人の自由の相互承認の意志を基礎としてうち立てられた「完全にフェアなルールによって制御された自由な競争のゲーム」としての社会です。こう考えると、現代資本主義を批判するマルクス主義もポストモダン思想（ここには万人の多様な絶対自由という夢があります）の社会理念も、じつは万人の意志によって制御された自由な社会という理念の一変奏形態だということがわかります。

要するに、各人の自由を確保する社会、ということを前提とするかぎり、フェアなルールによるフェアな競争のゲームということは、不可欠の原理です。私の考えでは、近代社会理念に対するマルクス主義やポストモダン思想からの長く続いてきた批判には、大きな勘違いがあります。すなわち現実社会の現状に対する批判と、社会の本質あるいは原理に対する批判が混同されてしまっているのです。マルクス主義やポストモダン思想の現実社会に対する批判には大きな正当性があります。しかし社会理念としてこれを見れば、それをどれほど精査しても、そこから近代哲学者たちが追いつめた近代社会の本質の原理を超えるものは見出せません。絶対平等の社会を作ろうとすれば、自由は大きな権力によって押しつぶされるほかはないし、多様な絶対自由の理想は、むしろ自由な相互承認によるフェアなルールの成熟という条件なしには実現不可能だからです。

しかし、ともあれここでは、どの社会理念が正しいか、という議論が目的ではありません。今後近代哲学者が追いつめた社会の本質の考えよりもっと優れた考えが見出され、それが歴史の流れの中で大きな新しい合意となる可能性はつねにあります。重要なのは、「社会の本質」の問いは、根本的に事実の問いではなく人間的価値の問いであるということです。しかしまた、本質を求めるとは何か超越的な真理を求めることではありません。もし自由ということが人間と社会にとって重要であるなら、あるいは誰もが自由な生を求めるのであれば、それはどのような社会的条件において可能となるのか。この問いを恣意的な理想形成ではなく万人の納得へと向かって問い進むことが可能であるということ、このような問いとその探求のありようを、現象学では本質の問い（本質学）と呼んでいるのです。もしこの道が可能でなければ、社会や人間の問いは、単なる事実の研究であるか、あるいは、多様な理想理念の相対的なせめぎあい、という以外の場所には行きつかないのです。

第6節　実践領域への現象学的適用

現象学の方法の、医療、福祉実践の領域への適用の可能性、ということがこの論考の中心主題です。そこでたとえば、端的に、看護、介護や医療の本質が何であるかという問いを立てることもできますが、ここでは直接この問いには進みません。というのも、現代哲学としての現象学の根本方法が何であるのか、その本質的な動機がどこにあるのか、という点が、これまでのところ、きわめて大きな混乱のうちにあるからです。何よりまず、現象学の根本方法である「現象学的還元」、その展開形である「本質観取」の概念の核心が理解されなくてはならない。そこで、もう少し現象学的な「本質」の概念の内実を考えてみたいと思います。

「本質」は人間どうしの納得と合意から作り出す

現象学的な意味での「本質」とは、伝統的な意味での「真理」や「真実」の観念とは大きく違ったものです。哲学的観点からいえば、フッサール現象学は、ニーチェと並んで、ヨーロッパの伝統的な真理概念、すなわち世界の存在の「本体」、またその存在根拠についての「本体」の観念の最も重要な破砕者だといえます。ことがらの「本質」とは、何か〝それ自体として存在するもの〟、知られえず、語りえないけれど存在するはずの「本体」、といったものではなく、集合世界を作り上げている人間どうしが、まさしく人間の生活における「よりよい」をめがける必要において鍛え上げ作り出すべき納得と合意、という仕方で考えるべきものです。

わたしは先に、「近代社会の本質」という象徴的な範例によって現象学的な「本質」の概念の内実を示そうとしました。なぜこの例が象徴的かというと、社会というものは、本質的に、人間どうしがその共存と〝よりよい〟生活をめがけて作り上げている独自の集合的ゲームだからです。その意味で、社会の「本質」という概念の意味がうまく理解されるなら、これに準ずるさまざまな社会的、集合的なゲーム、教育、医療、福祉、文化などの諸ゲームの本質ということの意味がより明らかになるはずです。そして、このような「本質」概念の理解は、また、なぜ人文科学の領域において、単なる「事実学」としての実証主義的方法ではなく、ことがらの「本質」をとらえようとする「本質学」の観点が必要かつ不可欠であるかということを、よく示してくれます。

『ベナー看護論』より――本質観取の試み

たとえば看護の領域で、『ベナー看護論』というよく知られた本があります[22]。この本には、自然科学的、かつ実証主義的な方法ではなく、看護学を人間科学として考えようとする方向がよく示されています。ここで現象学的な方法という言葉が使われていますが、フッサールの考え方がさほど用いられているわけではありません。ときおりハイデガーやガダマーなどの引用が出てきますが、現象学的方法というほ

[22] パトリシア・ベナー『ベナー看護論――初心者から達人へ』（井部俊子監訳、医学書院、新訳版、二〇〇五）

どではない。しかし、ベナーの看護論はつぎのような点で、現象学的な観点をもつといえます。この本の中心テーマは、一般に人々が「よい看護」と呼んでいるものはどのような看護か、ということについての経験的な事例を収集することにある。つまり、人はどのような場面で「これはよい看護だ」という感じをもつのか、という事例を集めて整理することによって、「よい看護とは何か」ということの〝本質〟を経験的に整理して取り出すような試みになっています。ベナーの記述は、現象学的観点からいえば本質学と解釈学との区別がさほど明確ではなく、十分に自覚化された方法的なものとはいえません。しかし、看護学を、単なる実証的研究から本質学のほうに動かしているという点で、やはりエポックメーキングな仕事だったといえると思います。この本で重要なのは、「よい看護とは何か」という問いをいかに適切な仕方で設定し、いかにその正当性ある合意を取り出すことができるか、ということがよく示されている点です。

「言語ゲーム」という概念

これに関連して、ここでわたしは「本質観取」の考え方の重要な補助線として、「言語ゲーム」という概念をおいてみたいと思います。

「言語ゲーム」の概念の出所はウィトゲンシュタインの『哲学的探究』[23]で、彼はこれを言語の本質を示すものとして提示しました。そこで、石工とその助手が、「ブロック」、「タイル」、「石梁」、「石柱」というたった四つの言葉だけでコミュニケーションしながら家を建てる、というよく知られた言語ゲームの描写があります。石工は助手に、ただ「タイル」とか、「ブロック」、とか叫ぶ。「タイルをもってこい」とか、「あっちにもっていけ」、とかは言えない。ただ単語としての四つの言葉しかもっていないからです。

しかしそれでも二人は、なんとか意を通じて石の家を建てる。四つの単純な言葉を投げ合いながら、石工と助手はなんとか言語ゲームを成立させていく。つまり、もし言語が厳密なルールによって可能になっているならとうてい成立しないはずのことが、この素朴な言語ゲームにおいて成立することが示されているのです。

四つの言葉による言語ゲームというエピソードは、言語の本質を考えるうえでいろんな興味深い示唆を与えますが、ウィトゲンシュタインはこれにくわえて、人間社会は、このような意味での多様な言語ゲームから成り立っている、と主張します。たとえばわれわれは日常生活の言語ゲームだけではなく、さまざまな学問、文化、芸術などの言語ゲームをもっている。そこで言語ゲームはみな基本ルールを少しずつ違えている。人間社会はそのような多様な種類の言語ゲームの束であるということになります。しかしここでは、ウィトゲンシュタイン自身の言語論についてはこれ以上くわしく踏み込みません。

わたしがとくに注意を促したいのは、「言語ゲーム」の概念が、現象学的還元の概念と同じく、哲学的には一つの自覚的な「還元」の方法を意味しているということです。

あえて自然なものの見方を停止してみる

現象学的還元の核心はそれが方法的独我論であること、いいかえれば、認識問題の本質を理解するためにあえて自然なものの見方を停止して、一切の認識を個々の人間の主観のうちでの確信とみなすという態

[23] ルートヴィヒ・ウィトゲンシュタイン『哲学的探究』（黒崎宏訳・解説、産業図書、第1部一九九四、第2部一九九五）

度をとることでした。このことで、一切は、まず自立的な個々の実存的生があり、そしてこの実存的な生のあいだの間主観的な関係として成立している、という観点が可能になる。絶対的な真理それ自体というものはどこにもない。ただ、さまざまな異なった信念や価値観が交換されることで、一般的客観的な世界観が共有されてゆき、その過程で、これがほんとうだとか、これこそ「よいこと」だというやはり間主観的な確信が作り上げられてゆく。つまり、それぞれの信念や世界観の形成とその交換は、ただ言語ゲームを介してのみ行われるのです。そしてこの見方が、ヨーロッパで長く続いてきた、世界の絶対的真理や絶対的な本体という考えをはじめて解体することになるのです。

われわれの自然な物の見方は、世界には、存在それ自身やことがらの意味や真実それ自身が存在する、という暗黙の考えを根強くもっています。しかし、言語ゲームの考えは、真理、真実、存在、本質、価値、善といった根本的な諸概念は、それ自体どこかに存在するものではなく、ただ言語ゲームのなかで共同的、普遍的な信憑として作り上げられているもの、という考え方を可能にします。もう少し推し進めていえば、ふつうわれわれは、暗黙のうちに、「この世界」は客観的にあるがままに存在すると考えている。しかし「この世界」とは、人間どうしが「言語」という独自の道具で編み上げているいわば象徴秩序の世界です。そしてもっと重要なのは、人間だけが、やはりこの言語ゲームによって、「真善美」（よい－わるい・美醜、ほんとう－偽り）という独自の価値審級の世界を作り上げている、ということです。「世界」はそれ自体として客観的に存在するし、またそのうえで、何が大事か何が善いことかも、それ自体として存在するはずだ、これがわれわれのごく自然な世界信憑の形ですが、現象学や言語ゲーム的な「還元」の考えは、この自明となったものの見方を転換するのです。

意味と価値の網の目としての人間世界

少し比喩的な仕方でいってみます。この世界の生の事実、赤裸々な事実といえるのは、適者生存、強者が弱者を打ち倒して生き延びる、という弱肉強食の論理です。これが自然が原的なものとしてもっている厳然たる秩序です。強い者が勝利し生き延びる。そこには理屈はなく、いわばこの善悪の彼岸が自然世界の絶対的掟です。しかし人間は、この善悪の彼岸の世界に言語ゲームの世界をもちこみ、長い時間をかけてこれを安定した秩序として作り上げてきました。それがわれわれの、家族生活や社会生活というものの本質です。言語ゲームによって人間は、家庭や社会というものを、よい‐わるい、ほんとう‐うそという価値の行き渡った秩序として維持しつづけている。真理、真実、存在、理想、価値、本質、意味、善悪、といった人間にとって重要な観念は、本来根拠のない幻想ともいえるものですが、しかしこの幻想を維持する努力のなかで、われわれは単なる弱肉強食から離れた人間的生活を営んでいるのです。真実、理想、価値、善、本質といったものは、それを重要なものとみなし、つねにそれを求めようとする人間どうしの共同的な意志なしには存在しえないものです。

本質を求めるとか、本質を取り出すとかいうとき、そのようなことが背景になっている。世界のそのような成り立ちを、現象学的還元や言語ゲームという発想はたいへんよく教えるのです。そういうわけで、人間の世界は事実の集合の世界ではまったくなく、人々の共同的な意志によってたえず編み直されている意味と価値の網の目の世界だといえます。

そもそも、人は誕生してこの世界に投げ入れられると同時に、言語ゲームの中に投げ入れられます。はじめは母親からの一方的な言語ゲームがあり、この一方的な言語ゲームは徐々に相互的言語ゲームへと発展してゆきます。言語ゲームによって形成されてゆくのは、いろんな事物をどう呼ぶかから始まるさまざまな種類のルール、規範、約定です。人間世界の本質は、それが言語によって編まれた暗黙、明約的なルール規範の普遍的なネットワークであるという点にある。そして、人文科学の中心課題は、まさしくこのような意味と価値の網の目としての人間世界を把握することでなくてはならないのです。

いまやわれわれは、なぜこれまでの実証主義的方法が、意味と価値の網の目としての人間的世界を把握する根本方法をもてなかったかについて、またなぜさまざまな人文科学の領域において本質学の考え方が必要なのかについて、一つの本質的な理解に達していないでしょうか。

ここでのわれわれの主題である医療・福祉の実践領域も、もちろんそのような本質的方法を切実に必要としています。この領域は、またそれ自体が、さまざまな価値観や利害を異にした当事者たちが参加する一つの言語ゲームだといえます。ここでは、考え方の多様性があるためにたえずさまざまな「問題」が生まれてくる。つまり信念対立ということが普遍的です。そしてそこから、誰もが納得できる正当性の合意が取り出されねばならない。現象学的な「本質観取」の概念は、まさしくそのような実践的領域における根本課題にかかわる概念なのです。

実証主義的方法を適用できる場面、できない場面

なぜ、多くの人文的領域で従来の実証主義的方法が根本的に見直されねばならないか。これは哲学、とくに現象学では早くから自覚的に探求されてきた主題です。フッサール自身は「本質学」という概念を立て、ハイデガーは、客観主義的見方に対して「存在論的」、「実存論的」観点を強調し、メルロ=ポンティ

は実証主義と主知主義の双方を批判するという仕方で、この仕事を推し進めてきました。しかし、すでに触れたように、哲学としての現象学の領域でこの問題が十分に整理されないままであること、このことが現象学的方法の適切な適用の可能性を大きく阻害しています。問題はできるだけ明快にされなくてはなりません。

誤りの第一歩は、人文科学の領域において、自然科学の基礎方法である定量的な実証主義の方法がそのまま適用可能だと考えられたことです。自然科学の領域は一般的事実を確定すればよい領域ですが、人文科学の領域はほとんどの場合、価値観、すなわち何が人間にとって大事なのか、何が「よいこと」なのか、という観点が大きくかかわっている。このため、ここでは実証主義的方法は、ただ基礎的事実の間主観的確定という場面では必要だが、さまざまな観点、価値観（の相違）からいかに正当性をもつ（多くの納得を生み出す）合意を作り上げるか、という場面ではまったく無力なのです。

多くの実証主義者的研究者は、その定量的なエヴィデンス主義がどのような場面で可能性をもち、またどのような重要な限界をもっているかについて、いまのところほとんど無自覚です。その方法が科学的、実証的であるということは、人文的領域においては、ただちにその方法が客観的、普遍的な認識を導くわけではない、という事態についてもほとんど無自覚です。この事態についての自覚を欠くと、実証主義は、容易にそれぞれの直観的な信念を実証データによって補強しあうだけの、信念補強型の思考に落ちこんでしまいます。この点では、すなわちある特定の仮説を補強するという点では、実証主義はまさしく長く鍛えられた技法をもっていますが、しかしそれは同時に、ただ双方が自説を強化するための手段と化してしまう傾向を強くもつのです。そして、その結果が、多くの人文科学の領域における、異説の乱立とその克服の可能性の原理を見出せないという現状だといえます[24]。

質的研究の新しい地平を拓くために

みてきたような観点からいえば、医療、福祉の実践領域における「質的研究」の新しい展開と可能性は、人文科学の領域全体の未来を拓く一つのモデルとなりうるものです。質的研究が、従来のエヴィデンスベーストな量的研究に対して自らの存在理由を示しうるとすれば、それは、ここでは、何が〝よりよい〟医療であり福祉であるかという「本質」への問いこそ重要である、という点にその根拠があるのです。

質的研究の領域において、現象学の方法が何らかの寄与をなしうるとすれば、その学的な概念が単に研究の権威づけとして用いられることを超えて、まず現象学的な「本質」の概念が深く理解されることが不可欠です。現象学的還元という方法についても、「本質観取」や「本質」という概念についても、まださまざまな混乱が拡がっているのが現状です。なぜ実践領域において「本質」概念が不可欠なのか、いかにしてこの領域を「本質学」として再編成することが可能なのか、これらについての明晰な理解のないまま現象学的諸概念だけが適用されるのであれば、質的研究は、結局のところ、エヴィデンス主義の目に見えやすい実用性を超え出て、新しい研究の地平を拓くことは難しい。そのためにも、この領域の多くの研究者に、もういちどフッサール現象学の根本の考えに立ち戻り、その方法と概念の本質にアクセスしてほしいと強く願わずにはいられません。

---

[24] まさしく、現代心理学はその典型的モデルである。

第2章　質的研究における現象学の可能性

山竹伸二

はじめに　自然科学に人間の解明はできるか？

近代になって自然科学の方法論が確立され、驚くべき勢いでその成果を示し始めて以来、もはや世界のなかに科学で解明できないものは存在しない、そう信じられるようになりました。世界に存在するさまざまな物の性質、因果関係、運動法則が次々に明らかにされていったのですから無理もありません。

一九世紀になると、科学は人間の精神という新たな対象と向きあうようになり、その成果に誰もが大きな期待を寄せるようになります。当時、近代社会の到来にともなって、人々の間で実存的な苦悩が顕在化し、心の病も科学の対象となりつつありました。一九世紀後半になると、精神医学にも大きな変革の波が押し寄せ、「精神病は脳の病である」というグリージンガーの主張が優勢になっていったのです〔1〕。

現代の心理学もまた、自然科学を範とした実験心理学から始まっています。一八七九年、ヴントがライプチヒ大学に心理学の実験室を開設して以来、心理学者は自らを科学者として自認してきたのです。とくに、一九二〇年代にアメリカで行動主義が台頭すると、心理学は極端な主観的世界の排除へと突き進んでいきました。ワトソンは、心理学は厳密な行動科学であるべきだと主張し、人間はどのような刺激を与えれば、どのような反応（行動）を示すのか、この因果関係を実験と観察、統計によって確認していけば、人間の謎はすべて解明できると主張したのです。心理学が科学である以上、研究者の主観も、被験者の主観的世界も、ともに排除すべきものに思えたのでしょう。

その後、一九六〇年代に認知心理学が登場し、人間は意味をどのように認知しているのか、という内的な認知プロセスを問うようになりました。それはつまり、行動主義が排除してきた内面の世界を再考するものだったのです。その考えは心理学の世界に大きなインパクトを与え、以後、認知心理学は心理学の主流となっていきました。では、認知心理学は「心なき心理学」とも揶揄された行動主義の欠点を克服したのでしょうか？

なるほど、認知心理学は心の内面に目を向け、人間が外界の事物の意味を理解する過程について、積極的な主張を展開してきました。しかし、それは人工知能論における情報処理のプロセスを人間の認知プロセスに応用し、認知構造についての仮説モデルを構築したものにすぎません。実際に人間が外界の事物を認知する場合には、その人の欲望や関心によって、その意味の受け取りは変わってくるはずですが、認知心理学ではこの問題が度外視されているのです。

結局、認知心理学は自然科学の枠組みを堅持し、心を客観的対象としてのみ分析しようとするため、人間の主観的な意味の世界を解明することができませんでした。人間の実存に基づいた意味の理解、人間の欲望や不安に相関した意味の受け取り、といった観点がなければ、この問題は解きえない謎に留まるのです。

これは、脳科学によって人間の謎を解明しうる、という考え方にも同じことがいえます。

確かに脳科学は人間の行動のある一面を解明し、一定の成果を挙げてきました。たとえば、脳内物質と抑うつ、不安との因果関係が統計的に有意味な数値を示せば、これらの症状を抑制するには、脳内物質の分泌量をコントロールする薬を開発し、処方すればよいことになります。うつ病に対する抗うつ薬、パニック障害に対する抗不安薬など、現代の精神医学の主流が薬物治療なのは、こうした実験データに基づいています。

しかし、このやり方に有効性があることは認めますが、根本的な解決をもたらすことはできません。たとえば、不安の原因が本人の歪んだ思考（思い込み）にあるとすれば、薬で不安を一時的に抑えても、この思い込みを変えない限り、また何度でも不安が襲ってくるでしょう。この問題を解決するには、心理療法によって思考の歪みを変える必要があるわけですが、そのためには、その患者が外界からどのような意味を読み取っているのか、それを理解しなければなりません。

[1]　この時期の論争については、ジルボーグ『医学的心理学史』（神谷美恵子訳、みすず書房、一九五八、三一八頁）に詳しい経緯が記述されています。

ここでもまた、やはり人間の欲望や不安に相関した意味の受け取り、といった観点が必要になります。それは、その人の欲望や不安、関心に応じて立ち現われる意味の世界を研究対象とすることにほかなりません。

この主観的な意味の世界は、自然科学が対象とする知覚可能な事物対象ではありませんし、そもそも意味や価値の問題は主観的なものだという理由から、自然科学が排除してきたものです。一方、主観的な意味の世界の解明は、人間のあり方そのものを問うものであり、人間科学が第一に探求すべき対象といえます。人間科学は自然科学とは異なる枠組み、独自の方法論を必要としているのです。

人間の経験、主観的世界を記述し、その意味を研究しようとする試みは、自然科学が成熟した一九世紀末には、すでに存在していました。それらはいま、総じて「質的研究」と呼ばれ、大きな注目を浴びています。自然科学の方法は、統計的な数値化を重視する量的研究が中心ですが、それは主観的な意味を扱うことができないからです。

ただ、こうした研究も当初は自然科学の枠組みのなかで行われていました。人間が経験した主観的世界を記述し、それを客観的データとして分析し、そこから普遍的な理論を導こうとしていたのです。こうした考え方の研究者は現在でも大勢いますが、一方では、ポストモダン思想の影響もあり、ナラティヴ論など、研究者の主観性も重視するような新しい質的研究が生まれ、自然科学とは異なる枠組み、人間科学独自の方法的原理を標榜する研究者も増えています。

では、質的研究は人間科学の方法的原理を解明しえたのかといえば、この点について、私はいくつかの疑問をもっています。

なるほど、研究対象となる人物の経験をインタビューし、その主観的世界を記述した場合、それを自然科学のように客観的データとして扱うことには限界があります。そこには必ず、研究者の主観もかなり関わっているからです。しかし、こう主張する質的研究者の多くも、研究対象の人物と研究者の相互作用を指摘し、データは共同制作された物語だというばかりで、研究者自身の主観的な感じ方、確信の根拠については、ほとんど触れていません。

こうした確信の根拠が示されない以上、他者と共通了解しうる可能性を見出すことは難しくなり、恣意的な解釈という批判は免れません。自然科学のように一般化することができなくなり、他の事例へ応用する可能性もなくなります。では、質的研究では一般性のある理論を生み出すことはできないのでしょうか？

本章では、質的研究の多様な理論を概観しながら、こうした疑問点を検証し、人間科学にとって何が本当に必要なのか、その方法的原理を考えたいと思います。問題の鍵になるのは、私はフッサール現象学の思考方法だと考えています。現在、現象学は質的研究の一研究方法として用いられることも多いのですが、現象学は質的研究の問題点を明らかにし、人間科学全体の方法原理となりうる可能性をもっているのです。

しかし、まずは質的研究の理論について考えていくことにしましょう。

第1節　質的研究の理論と問題点

質的研究とは何か

質的研究とは、たとえばインタビューした内容や文書、映像など、数値化できないデータを対象とした研究であり、おもに研究対象となる人物の語られた内容、言葉の分析を中心に、その主観的な内面世界を理解したり、そこから何らかの理論を導き出すものです。

質的研究はもともと社会学から生まれた方法ですが、最近は心理学や看護学において、質的研究を志す若手の研究者が増えています。方法としては、とくに多く用いられているグラウンデッド・セオリーのほかに、ライフストーリー、会話分析、ナラティヴ分析など、多様な展開をみせています。巷の書店でも質的研究関係の書籍が溢れており、一種の質的研究ブームともいえる状況にあるのです。

自然科学は数値化できないデータを対象とすることはありません。すべての実験データは統計的に処理できるものであり、数値は科学的証明を裏付けるものとして重視されてきました。人間科学の領域でも自然科学的方法を見倣う研究者は多く、とくに心理学では実験結果の統計処理をとても大事にしています。

しかし、人間を研究対象とする以上、数値だけでは理解できない問題が浮上します。人間のあり方、欲望と不安、言葉によるコミュニケーションなど、いずれも人間とはどのような存在なのかを指し示す重要な指標ですが、これを数量化することはできません。そのため、統計処理を重視する自然科学の手法（量的研究）は、遅かれ早かれ壁に突き当たる運命にあったといえます。

ディルタイやフッサールらは、すでに一世紀以上も前からこの問題の重要性に気づいていました。まず、一九世紀末に、ディルタイが主観的世界の意味を記述する方法を生み出し、自然科学とは異なる領域として、精神科学を基礎づけています。そして二〇世紀初頭には、フッサールが人間科学の基礎づけを試み、後の現象学的精神病理学や現象学的心理学の礎を築きました。彼らの研究は、主観的な経験によりそい、実存に基づいて共通構造を見出そうとする点で、主観的世界の本質的解明に近づいていたのです。

しかし、人間科学には独自の枠組みが必要だと認識している研究者は、最初はかなり少数派でした。二〇世紀の前半には、すでにさまざまな質的研究が行われていましたが、それらはまだ人間科学の本質を自覚したものではなかったのです。

自然科学は二〇世紀において加速度的な発展を遂げ、こうした時代の流れのなかで、数量化を中心とする量的研究こそが客観的に正しいとされ、そのような自然科学の手法があらゆる科学の模範となり、誰もがその考え方を絶対視するようになりました。そのため、質的研究もあくまで科学の傍流として、地道な研究がなされてきました。要するに、人間の主観的世界についての研究も自然科学が解明しうる、と考えられていたのです。

しかし近年では、人間の問題を探究するうえで、自然科学的方法の限界を指摘する声が多くなり、質的研究者たちは自然科学の枠組み、手法とは異なる、人間科学独自の枠組み、研究法を模索するようになりました。主観的な意味の問題は「どのような意味に理解する人が多いのか」というような統計処理、数値化は可能ですが、人間のあり方そのものの意味、本質を数値化することはできないからです。

また、自然科学が前提にしてきた「客観的な真理」の存在そのものが、現代哲学では否定されており、研究者の主観を完全に排除する客観主義に対して疑念が生じています。このため、質的研究が重視してきたような「研究者の主観性が関わる解釈」にも、正当性が感じられるようになりました。そして、新たな研究法が次々と開発され、現在では多様な質的研究がひしめき合っています。

ただ残念ながら、多様な方法論に共通するような、人間科学の方法的原理は見出されていません。そのため、人間科学が目指すべき方向性も曖昧で、着地点がみえにくくなっています。いったい何のための質的研究なのか、こうした研究に基づく人間科学は本当に役に立つのか、きわめて不透明な状態が続いているのです。

質的研究の歴史

ここで質的研究の問題点を詳しく検討するために、フリックの『質的研究入門』に基づいて、質的研究の歴史を追ってみることにしましょう。

対象の質的側面に焦点を当てた研究のはじまりは一九世紀末にまで遡りますが、二〇世紀初頭から第二次世界大戦にかけては、おもに植民地のフィールドワークを記述するエスノグラフィーが主流でした。フィールドワーカーたちは異邦人を研究対象とし、客観的な記述と解釈を心がけていたのですが、これは記述データの客観性にこだわっている点で、実証科学のパラダイムを反映しています。

しかし、実証科学の主流は実験的で数量化を目指すアプローチであり、統計的手法を用いない質的な研究は、文章データを直観的に批評するようなものが多く、どうしても「客観性に欠ける」という批判を受けざるをえなかったのです。

一九六〇年代後半になると、グレイザーとストラウスがグラウンデッド・セオリーを発表し、その後の質的研究に大きな影響を与えました。それは、インタビューなどによって記述された文章データを形式化し、厳密な分析方法を提示するものでした。特徴的な単語を中心にコード化し、それぞれ概念名をつけて分類し、その関係を分析するのです。この方法は従来の質的研究とは異なり、厳密な分析手続きによって客観性を担保し、質的研究を実証科学に接合しようとするものでした。

その頃ドイツでも、質的方法を統合し、より確実なものを志向するような、独自の議論が生まれていました。シュッツェのナラティヴ・インタビューや、エヴァーマンの客観的解釈学の登場がこの議論に影響を与えています。

しかし、一九八〇年代以降のアメリカでは、象徴的相互作用論、エスノメソドロジー、現象学、記号論、フェミニズムなど、理論モデルや方法論が多様化し、質的研究者はそこから望むものを選択し、比較したり、組み合わせたりするようになりました。研究法の形式化を絶対視するのではなく、多様化を容認する姿勢が強くなったのです。

この時点で、現在の質的研究における三つの理論的立場、アプローチが出そろったといえますが、各々の立場について、フリックは次のように述べています。

ひとつは象徴的相互作用論の流れで、個々人の主観的な意味付けを探ろうとする。２つ目がエスノメソドロジーで、日常のありふれた行為とその産物に関心を向ける。３つ目は構造主義的もしくは精神分析的立場で、心理的社会的な無意識の過程にまず目を向ける［2］。

質的研究の記述データ（テクスト）は、研究対象となる人物の経験が研究者のインタビューなどを介して描かれるわけですが、そこには研究対象者自身の捉え方だけでなく、研究者の捉え方も関わってきます。象徴的相互作用論は前者に焦点を当て、どのような視点からそうした意味づけがなされるのかを考察しますが、エスノメソドロジーは後者を考慮し、研究対象者と研究者の相互作用によって構成される現実に着目します。

さらに、研究対象者や研究者の捉え方を無意識のうちに規定するもの、たとえば背景にある文化や社会秩序に焦点を当てるのが構造主義や精神分析であり、これは行為や意味を生成する深層構造の再構成を試みるのです。

たとえば介護士をインタビューした記述データ（テクスト）について、これら三つのアプローチを当てはめると、象徴的相互作用論では、介護士の主観から介護における出来事の意味と経過を再構成しますし、エスノメソドロジーでは、データを介護士とインタビュアーの相互行為として捉えて研究します。そして構造主義では、双方の主観的見方や相互行為を規定する潜在的・無意識的な構造の解明が中心となるわけです。

質的研究における「現実」とは？

多くの質的研究では、インタビューなどをとおして対象となる人物の主観的な世界を再構成し、その意味を理解しようとします。再構成されたテクストは主観的世界の現実を写し取ったものとみなされ、さまざまな分析によって、その現実を明らかにするのです。ディルタイ以降の古典的な質的研究は、すべてこうした研究に主眼が置かれています。

しかし、研究者によって記述された（研究対象者の）語り、再構成されたテクストは、本当に主観的世界における現実を再現したものだといえるのでしょうか？

こうした疑問を投げかけたのが社会構成主義でした。それは、現実はそこに関わる人々の相互行為によって構成されるものであり、各々の人々の意味づけと無関係に客観的現実が存在するわけではない、という考え方です。現象学的社会学者のシュッツも、事実は選択と解釈を通してはじめて事実となる、と指摘しています。こうした考え方からすれば、研究者の作成したテクストは客観的現実を写し取ったものではなく、テクストを作成し、解釈する研究プロセスそれ自体が現実を生み出している、ということになるでしょう。

たとえば、インタビューをとおして研究対象となる人物の主観的世界を記述（再構成）した場合でも、それは「内面の現実を客観的に正しく写し取っている」とはいえません。そこには必ず研究者であるインタビュアーの解釈、主観的な意味づけが関与しているからです。したがって、エスノメソドロジーが研究者（インタビュアー）と研究対象（インタビューを受ける人）の相互作用に着目したことは正しかったといえます。テクストが示している現実とは、こうした相互交流の産物なのですから。

［2］ウヴェ・フリック『質的研究入門』（小田博志・山本則子・春日常・宮地尚子訳、春秋社、二〇〇二、一二一頁）

こうして一九八〇年代の後半になると、研究者の解釈や相互作用、文化や時代的な背景が自覚されるようになり、研究結果をどう書くかが、研究結果それ自体と切り離せない問題として認識されはじめました。この事態をデンジンとリンカンは「表象の危機」と呼び、生きられた経験を直接とらえることは不可能であり、「このような経験は、研究者が書いた社会的テクストのなかでつくられるものにすぎない」[3]と述べています。これは、表象という概念に含まれる「現実の再現」という発想自体が危機に瀕していることを示しているのです。

もはや多くの質的研究者にとって、作成されるテクストは、客観的な現実を再現しているものではなく、新たに構成された現実、物語とみなすべきだと考えられるようになりました。ライフヒストリーについてのナラティヴなども、客観的現実のコピーではなく、インタビューのなかで象徴的世界へと変換された物語ということになります。すでに日常のなかで構築されたものを、質的研究は再びナラティヴの形式で研究しようとするのです。

この質的研究における認識の転換は、一部の質的研究者の間では「ナラティヴ・ターン（物語的転回）」と呼ばれています。一九八〇年代後半における「表象の危機」の時代を経て、一九九〇年代前半のナラティヴ・ターン以降、質的研究によって作成されたテクストはナラティヴとして読まれるようになったのです。

いまや多くの質的研究者が、客観的な真実を認めず、研究対象となる人物の語る現実は、さまざまな文脈のなかで、研究者との相互作用によって構成されたものだと考えはじめています。フランスのポスト構造主義、英米の分析哲学など、現代哲学も客観的な真実の存在を否定していますが、このことも無関係ではありません。現代の質的研究者たちは、こうした現代哲学の影響を少なからず受けているのです。

個別性の理解は可能か?

こうして、質的研究は大きな転換点を迎えることになりました。

質的研究、とくに個別性の研究においては、まず記述された経験それ自体の理解が重要になりますが、ウィトゲンシュタインの言語ゲーム論や社会構成主義の影響もあり、言葉は現実をありのままに写し取るものではなく、研究者を含むその場の状況（文脈）によって意味づけが変わってしまう、という認識が広まりました。普遍的な真実、ありのままの現実など存在しないのです。

この考え方は、ナラティヴ論の登場以後、とくに強くなっています。いまでは、テクストは語り手の現実を写し取ったものではなく、語り手と研究者の交流のなかで構成された物語だと考えられるようになりました。そのため、テクストの背後にある語り手の意図ではなく、テクストそれ自体の解釈、意味の多様性が重視されるようになったのです［4］。

しかし、主観的世界の現実を客観的に理解することが不可能だとすれば、個別性の研究はそもそもの出

［3］ノーマン・K・デンジン、イヴォンナ・S・リンカン「質的研究の学問と実践」（ノーマン・K・デンジン、イヴォンナ・S・リンカン編『質的研究ハンドブック1巻　質的研究のパラダイムと眺望』平山満義監訳、北大路書房、二〇〇六、一九頁）

［4］テクストを作者の意図とは無関係に読むべきだという思想のことを、ポストモダン思想では「テクスト論」といいます。ロラン・バルトは、「ひとたび『作者』が遠ざけられると、テクストを《解読する》という意図は、まったく無用になる」（『物語の構造分析』花輪光訳、みすず書房、一九七九、八七頁）と述べ、これを「作者の死」と呼んでいます。

発点から限界に突き当たっていることになります。語られた記述それ自体がひとつの解釈にすぎないなら、語りの当事者の現実を認識することがそもそも不可能であるなら、いったい何のための研究なのでしょうか?

無論、こう考えてみることも可能です。たとえ語られたテクストが客観的な現実ではないとしても、語った当事者がテクストを読んで納得したのであれば、それが彼の了解している意味の世界、主観的世界であることに変わりありません。したがって、こうした当事者の納得、了解こそが目的だと考えればよいのです。

たとえばナラティヴ・セラピーなどは、こうした意味の編み変え、物語の再構成を自覚的に行っています。自己の物語が歪んでいると、歪んだ行動、思考、苦しみを生み出しますが、セラピストとの対話のなかで、この歪みに気づき、より生きやすい自己の物語を再構成すれば、事態は劇的に変化します。ガーゲンによれば、「物語の再構成は、個人を新たに方向づけし、個人の経験や能力や気質に合った現実的で新しい行為の道筋を示す」[5]ため、新しい自己の物語を生きはじめることができるのです[6]。

それに、語りの当事者の理解が研究者との相互作用や状況（文脈）の影響を受けているとしても、そのことを自覚することで、研究対象の対人関係における様式を含め、ある程度の固有な特性を見出すことはできるはずです。そして、そうした個別性の理解が役立つ場面も少なくありません。たとえば患者や被介護者などの個別性を理解することは、その人に対してよりよい看護や介護をするうえで、必ず役に立つでしょう。

このように、語られたデータが客観的な真実とは言い難いとしても、研究者の主観性や語られた状況、語り手の文化的背景など、さまざまな文脈が考慮されることで、当事者も自覚していなかった経験の意味が浮かび上がってきます。それを真実の意味と呼ぶことはできませんが、語りの当事者も研究者も、そして他の人々も、より納得のいく経験の意味となっています。語られたテクストが研究者の主観や文脈の影響を受けていても、いや、こうした影響を受けているからこそ、個別性の理解は当事者に役立つ可能性があるのです。

ナラティヴ論と一般化可能性

ところで、質的研究の多くは、個々の事例から他の事例にも共通するもの（一般性）を引き出し、ある種の経験に共通する構造を導き出すことを目的としています。しかし、現代哲学やナラティヴ論のように、客観的な真理、普遍性を否定してしまうと、一般性を求めること自体が不可能なようにみえます。

ここでもう一度、質的研究全体の流れを俯瞰しながら、個別事例から一般性を引き出す研究がどのように行われてきたのかを考えてみましょう。

記述データの意味（質）を対象とした研究は、最初、自らの認識論上の立ち位置、枠組みを明確に自覚

---

［5］ケネス・J・ガーゲン、ジョン・ケイ「ナラティヴ・モデルを超えて」（シーラ・マクナミー、ケネス・J・ガーゲン編『ナラティヴ・セラピー』野口裕二・野村直樹訳、金剛出版、一九九七、二〇〇頁）

［6］医療の世界でも、近年、ナラティヴ・ベイスト・メディスン（NBM）という言葉がよく聞かれるようになりました。NBMとは「『患者が主観的に体験する物語』を全面的に尊重し、医療者と患者との対話を通じて、新しい物語を共同構成していくことを重視する医療」だと斎藤清二は述べています（斎藤清二『医療におけるナラティブとエビデンス』遠見書房、二〇一二、七四頁）。

していたわけではありませんでした。内省や語りの記述的な方法、意味の理解といった目的も、実証科学の一部として捉えられていたのです。それが次第に、統計処理を中心とした量的研究と区別されるようになり、実証科学とは目的も方法も異なる領域として認識する研究者が増えてきました。

フロイトの心理学理論なども、もともと多様な記述的データから編み上げたのであり、記述データに対する初期の研究は、個別事例をたくさん集め、そこに共通する原理、法則を導き出そうとしていました。それは自然科学が一般法則を導き出すやり方と似ています。

一方、個別事例を一般化せず、その当事者にとっての経験の意味、固有な特性（個別性）を探究するような研究も早くからありました。それらは一般的法則を求める自然科学とは明確に異なる立ち位置をとっていました。普遍性を求める自然科学に対して、個別性を求める人間科学、という図式が意識されていたのです。

しかし、一般性、普遍性を求めない研究は、自然科学からみれば科学とはいえず、批判的にみられていたのも事実です。

その後、個別性を求める質的研究に追い風が吹きました。先にも述べたように、現代哲学は「客観的真理＝普遍的なもの」の存在を否定しますが、このことによって、自然科学が前提としてきた客観的事実そのものが、確固たるものとはいえなくなってきたからです。その新しい潮流に乗って登場したのがナラティヴ論でした。

ナラティヴ論は客観的な現実、普遍的な真実を否定し、質的データ（記述された語り）の文脈、研究者との相互作用を重視します。現実とは、語りの当事者と研究者の間で構成された物語にほかならないからです。その考えは、質的研究の領域に大きなインパクトを与えました。質的研究はナラティヴ論という新たな認識の枠組みを手に入れたことで、自然科学の量的研究とは明確に異なる立場にあることを宣言できたのです。

とはいえ、その後の質的研究が一般化を目指さなくなったわけではありません。むしろ多くの質的研究者が一般化を目指しています。では、それはいったいどのような一般化を指しているのでしょうか。自然科学が求めてきた一般化、普遍的な一般法則と異なるものなのでしょうか？

質的研究における限定的一般性

質的研究のなかで一般化を目指すものとしては、グラウンデッド・セオリー・アプローチ（ＧＴＡ）が代表的なので、まずこの理論について検討してみることにしましょう。

すでに触れましたが、ＧＴＡの創始者であるグレイザーとストラウスは、一九六〇年代、データに密着して理論を構成する研究方法を提起しました。当時、社会学の主流だったパーソンズらのグランド・セオリー（あらゆる領域に適応できる一般理論）を検証する研究は、抽象的に理論を仮定し、個々の事例に当てはめるものでした。ＧＴＡの理論はそれを批判し、個々の事例のデータからボトムアップで理論を作ろうとします。それも、具体的な状況における人間行動の予測など、特定の領域に密着した理論の構築を目指していたのであり、共通の文化や時代背景、境遇、職種、立場など、限定された範囲での一般化を求めていたのです［7］。

また、ＧＴＡは記述データを細かく分類して概念化し、さらに上位の概念にまとめたり、概念間の関係を考察することで、一般性のある理論の構築を目指します。その際、分析の過程で、記述データを文脈から切り離す「切片化」という作業を行いますが、そのため、文脈を重視する質的研究者から、しばしば批判を受けています。

しかし、戈木クレイグヒル滋子によれば、切片化を行うのは「文脈に沿ってデータを読むと、偏見や先入観に満ちた自分流の読み方をしてしまうおそれ」[8]があるからで、概念が出そろったら、今度は文脈を重視して捉える必要があるのです[9]。

ブルアとウッドも、「質的研究は統計的な一般化や実験上の一般化をめざすより、理論的に一般化が可能である概念を生み出そうとする」[10]と述べています。GTAだけでなく、質的研究が目指す一般化には、自然科学のような数値に基づく一般化ではなく、「概念」を生み出すような一般化が多いのです。

さまざまな個別事例の経験に共通する意味を見出し、これをひとつの概念にまとめていく作業は、一般化を目指す質的研究にとって、とても大事な作業といえるでしょう。といっても、人間の経験のなかには、文化によって異なるものも少なくありませんし、そういった経験に名前をつけ、概念化したとしても、それは特定の文化においてしか使えません。だからこそ、質的研究が概念化（一般化）を目指す場合には、文化的・時代的背景や境遇、立場など、限定された範囲、特定領域での共通性が前提とされているのです。

私はこのような「限定された範囲」での一般性を「限定的一般性」と呼びたいと思います。それは自然科学における一般化とは異なり、文脈を重視します[11]。質的研究が一般性を重視する場合には、普遍的ではない、限定的一般性を指しているのです。

何が共通了解を生み出すのか？

ところで、ある質的研究に一般性があるということは、語りの当事者や研究者だけでなく、その意味が他の複数の人々にも「なるほど」と納得できる、共通了解ができることを意味しています。このあたりも自然科学の一般性とは違うところです。言うまでもなく、語り手と同じ文化的背景、似たような境遇にある人は、より共感し、理解しやすいでしょうし、深く納得できると思います。

エピソード記述を開発した鯨岡峻は、こうした一般性を「普遍性というよりは公共性という意味での一般性」[12]だと述べています。それは読み手の了解可能性であり、多くの読み手が納得するほど、一般性があるといえるのです[13]。

---

［7］修正版のGTA（M－GTA）を開発した木下康仁もこう述べています。「限定的に設定された範囲内に関する限り、他のどのアプローチによる研究よりも説明力に優れているということが、グラウンデッド・セオリーが数量的研究法を含め他のあらゆる研究法と比べられたとき、その有効性を主張できる点なのである」（木下康仁『グラウンデッド・セオリー・アプローチ』弘文堂、一九九九、八一頁）。

［8］戈木クレイグヒル滋子『グラウンデッド・セオリー・アプローチ』（新曜社、二〇〇六、八五頁）

［9］もっとも、GTAには複数の見解があり、この戈木の見解はストラウス派の見解といえます。GTAを創始したグレイザーとストラウスは、その後、見解の違いから袂を分かっており、グレイザーの方が厳密な切片化にこだわります。これに対して、修正版GTAを提唱する木下康仁のように、切片化自体が不要と考える研究者もいるのです。

［10］マイケル・ブルア、フィオナ・ウッド『質的研究法キーワード』（上淵寿監訳、金子書房、二〇〇九、一一頁）

［11］やまだようこは、「質的心理学のものの見方の基本には、あらゆる文脈から独立した普遍性をめざしてきた従来の科学に対して、自然科学のなかでも優勢になってきた『文脈主義』的なものの見方がある」（やまだようこ・麻生武・サトウタツヤ・能智正博・秋田喜代美・矢守克也編『質的心理学ハンドブック』新曜社、二〇一三、一一頁）と述べています。

［12］鯨岡峻『エピソード記述入門』（東京大学出版会、二〇〇五、四一頁）

読み手に了解してもらうためには、事例の背景にある状況、文脈を明示し、読み手が感情移入できるほどリアルな記述であるほうが、より深い共感を生むでしょう。他にも、能智正博は、記述の仕方を工夫したり、分析結果に一貫性をもたせたり、複数の人からの視点を繰り込むなどの条件を満たすことで、「主観的」という批判を避けることができるし、より多くの他者にとって納得できるものになる、と述べています[14]。

また、エピソード記述では、単に文脈を詳しく記述するだけでなく、自分自身が感じたことを赤裸々に記述し、それについての考察を加える、という手法をとっています。これによって、読者はその内容に強く引き込まれ、自分の経験を思い起こしたりしながら、「ああ、こういう感じってあるよなあ」と深く共感し、納得するのです[15]。

このやり方は、読み手の共通了解を得るうえで、とても大きな意味をもっています。実際、研究者自身の主観的な感じ方、確信の根拠を示さなければ、本当の意味で深く納得する読者はいないでしょう。その結果、共通了解の可能性はかなり小さくなってしまいます。

しかし、エピソード記述は例外的で、ほとんどの質的研究において、研究者自身の主観的な感じ方、確信の根拠を明確に示すことはありません。ナラティヴ論をはじめ、現代の質的研究者の多くが、記述データに研究者の主観が関与していることを認めながらも、研究対象の人物と研究者の相互作用を指摘したり、背景となる文脈には詳しく言及していても、研究者自身がどう感じたのか、どのような確信をいだいたのか、その点はほとんど示していないのです。

研究者がインタビューを聴いて感じたことを示し、自らの内面を開示することは、読者に共通了解をもたらすうえで、とても重要な役割を担っています。自然科学の立場からみれば、そのような主観的なものが一般性をもつわけがない、という批判があるでしょう。多くの質的研究者も、同じような疑念を抱くかもしれません。

しかし、人間科学では、研究者の主観において立ち現われたものこそが、一般性のある理論を構築するうえで、根拠となる可能性をもっているのです。

質的研究は人間の存在本質を解明しうるか

以上、みてきたように、現代の質的研究では「普遍的なもの」の存在を認めません。現代哲学、とくにポストモダン思想の影響もあり、質的研究者の多くが、普遍的なもの＝真理は存在しない、と考えています。それは二重の意味でそうだといえるでしょう。

第一に、個別事例において作成されたテクストは客観的な現実を写し取ったものではなく、そのような普遍的な真実を認めません。テクストの描き出した現実は、研究者との相互作用のなかで構成されたもの

---

[13] 大谷尚はこう述べています。「質的研究の一般化可能性は、論文の結論自体にはなく、それはむしろ、研究のオーディエンス（論文読者等）が論文を読み、それを自分の抱えているケースや、その他のケースと『比較』しながら『翻訳』することで、適用が可能となり、一般化が実現される」（「質的研究とは何か——教育テクノロジー研究のいっそうの拡張をめざして」教育システム情報学会誌、二五巻三号、二〇〇八、三四九頁）。

[14] 能智正博『質的研究法』（東京大学出版会、二〇一一、二七八頁）

[15] 詳しくは、鯨岡峻『エピソード記述を読む』（東京大学出版会、二〇一二、五七頁）が参考になります。

であり、また、語りの当事者の状況、文化的背景、研究者の解釈など、さまざまな文脈によって経験の意味は規定されています。

第二に、複数の事例に共通する構造や原理という意味での普遍性を認めません。自然科学のように、多数の事例から統計的に一般性を引き出すことはしないのです。ただし多くの質的研究においては、一般性をまったく求めないわけではなく、語りの当事者の文化的背景や置かれた状況などの共通性を前提とした一般性、すなわち限定的一般性は求めます。

一般化ができなければ、その個別事例は当事者以外には役立ちません。この点において、質的研究はしばしば自然科学の研究者から批判されてきました。しかし、質的研究者たちもこの点は自覚的で、一般化の可能性があることを繰り返し強調してきました。無論、質的研究が求める経験の〈意味〉は、語りの当事者の文化的背景や状況など、さまざまな文脈によって異なってきますので、こうした文脈を無視した一般化は難しいでしょう。しかし、文脈に即して個別事例を読み解き、文脈の共通性という限定的範囲で一般化を求めることは不可能ではありません。

サンデロウスキーによれば、それは自然科学の場合のように、文脈を排除した法則定立的な一般化とは異なりますが、それでも「ケースに結びついた一般化は、矯正手段として、そして仮説や理論を構築し検証する手段として、法則定立的な一般化とともにその役割を果たしている」[16]のです。

私はこうした質的研究における一般化への努力を、大変重要かつ意義あることだと考えています。しかし、質的研究を人間科学の中心に位置づけようとするなら、そこには限定的一般性にとどまらないような、普遍性への志向が必要なように思えます。人間科学が「人間」に共通する存在の本質を探究するものであるなら、その研究は文化や時代背景を超えた人間の本性を明らかにするものでなければなりません。

同じ人間である限り、たとえ文化や状況が異なっていたとしても、一定の共通性は存在します。たとえば、「不安」「欲望」「死」「病気」「友情」「恋愛」「嫉妬」「悲しみ」などの概念は、多少のズレはあるにしても、ほぼ文化や時代背景を超えた共通の意味を求めることができるのです。無論、それを考察する過程において、個々の事例を文脈に沿って研究することは必要でしょう。しかし、そこからさらに、誰もが納得するような本質へ向かうことが必要ではないでしょうか。

私はその方法論として、現象学的思考の可能性をあらためて主張したいと思います。現象学は普遍的な本質を求めるための考え方であり、その際、先に述べたような、研究者自らの主観において立ち現われたものが、本質を導き出すうえでとても重要になってきます。この方法によって、人間のあり方に関するさまざまな概念についても、そこに共通了解が可能な意味を見出せる可能性があるのです。

人間のあり方に関する概念の本質が明らかになれば、それは個別の事例に応用され、個別性の研究もより充実したものになるでしょう。また逆に、そうした個別事例の研究が濃密なものになることで、そこから他の事例にも共通するような一般性を引き出せます。それは限定的一般性の場合もありますが、人間のあり方に関する概念の本質を見直す契機ともなりうるでしょう。そしてそれがまた、より本質的に優れた質的研究を可能にし、人間科学の発展に寄与しうると思うのです。

［16］マーガレット・サンデロウスキー『質的研究をめぐる10のキークエスチョン』（谷津裕子・江藤裕之訳、医学書院、二〇一三、七〇頁）

第2節　質的研究としての現象学

現象学的立場の人間研究

現象学の人間科学への応用は、実はかなり古くから行われてきました。二〇世紀前半には精神医学において応用されていますし、その後、心理学や看護学などの領域でも現象学の応用が試みられています。現象学的立場の人間研究（または質的研究）は、人間の経験する事象についての現象学であり、経験における主観的世界の理解が中心となっていますので、こうした領域の目的とうまく合致したのでしょう。

そもそも、看護や医療、養育、介護など、広い意味での対人支援、ケアの領域においては、相手の主観的世界を理解することが欠かせません。人を育て、教育すること、病気の看病をしたり、悩みの相談相手になることなど、誰かの苦しみや悩みを受けとめ、援助するためには、相手の内面を理解したうえでなければ、決してうまくいかないからです。

それに、主観的世界の理解については、自然科学では解明できません。客観性を重視する自然科学の枠組みでは、人間が主観的に意味づけた世界は対象外となるからです。だからこそ、他の質的研究と同様、現象学的な人間研究にも期待が寄せられてきたのです。

こうした人間科学における現象学への期待とは対照的に、現代の思想・哲学の世界では、現象学は本質主義、真理主義である、という批判を受けています。本質という概念は「普遍的な意味」ということを含意していますが、すでに述べたように、客観的に正しい真実の意味＝真理など存在しません。だからこそ、普遍的な意味を求める現象学は、真理主義とみなされて批判されたのです。

現象学的な立場に立つ心理学者や精神科医、看護師たちも、真理主義を受け入れているわけではありません。むしろその逆で、彼らの多くが普遍性を批判し、個別性を重視する姿勢を打ち出しています。人間に共通する普遍的なものではなく、個別性を、主観的な意味づけを重視しているのです。

したがって、現代哲学と現象学的な人間研究は、どちらも普遍性批判という点で意見が一致しています。このため、現象学的な人間研究、あるいは現象学的方法による質的研究は、ポストモダン思想を背景としたナラティヴ論的な質的研究とも対立せず、むしろかなり共通した見解をもっているのです。

率直にいって、現代哲学による現象学批判も、現象学的な人間研究も、どちらも現象学の根幹となる考え方について、大きな誤解があるように思います。現象学は客観的な真理を想定しているわけではありません。フッサールが重視した本質とは、多くの人々に共通して了解しうる意味のことであり、現象学における普遍性とは、こうした共通了解の可能性があることを意味しているからです。

このような誤解があるために、従来の現象学的な人間研究は、現象学のもつ本来の可能性を十分に引き出すことができていないように思います。

なるほど、相手の主観的世界を理解することは、看護や介護、医療、保育、教育などにおいて、対人支援を円滑に進め、誤った対応に陥らないためにに、とても有効性があるでしょう。しかしそれは、相手の主観的世界に対する理解が、それなりのレベルに達していればの話です。この「それなりのレベル」というのは、人間の存在本質に基づいた理解であれば、ということです。

先にも述べたとおり、欲望や不安、嫉妬、恐怖、葛藤、期待など、人間のあり方を形づくる概念は、文化を超えて共通了解が可能な意味＝本質をもっており、そこには限定的一般性にとどまらないような一般性（普遍性）が存在します。現象学の思考法は、こうした概念の本質から人間のあり方（人間存在の本質）を解明する可能性をもっています。

看護にせよ介護にせよ、また子育てや教育、カウンセリングにせよ、相手の内面、主観的世界を理解するといっても、その理解が人間のあり方の本質に基づいていなければ、当事者にとって意義深いものにはならないし、他の人々もその理解を共有することが難しいでしょう。個別事例における主観的世界の理解も恣意的になりやすく、多様な解釈を許容してしまいます。

したがって、人間存在の本質を探求することは、人間科学にとって中核的な課題といえます。しかし、従来の現象学的な人間研究は、そういった人間のあり方に関わる概念の本質を十分に探求してきませんでした。この本質の解明において必要な、研究者が自らの主観において現われたものに立ち返る、という方法もあまり実践されていません。そのため、多くの現象学的な研究は他の事例に応用する可能性をもっていないのです。

以下、それを確かめていくために、記述心理学、現象学的精神病理学、現象学的心理学、現象学的看護研究の順に、その理論を概観し、検討してみたいと思います。そのうえで、フッサールの現象学に立ち返り、その本来の可能性を探ることにしましょう。

記述心理学の系譜

現象学的な人間研究の源流となったのは、すでに触れたディルタイの「記述心理学」です。ディルタイは後の現象学的心理学に先立って、早くから意味や価値の問題を人間科学の主要テーマとして捉えており、次のように述べています。

意識の事実の分析は精神科学の中心であり、こうして精神的世界の原理の認識は、歴史学派の精神に呼応して、精神的世界それ自身の領域のうちにとどまり、精神科学はそれだけで独立した体系を形成している[17]。

要するに、精神の原理を意識の外部に求めてはいけない、意識の分析こそが精神の原理を明らかにする、ということです。人間の精神を研究するうえで必要なのは主観的な意味の研究であり、自然科学の観点から、精神と外部環境の因果関係に焦点を当てても、重要なことは何一つわからない。このことを、ディルタイは早くから気づいていたのです。

この主張は人間科学の根幹に関わるものであり、強い説得力があります。主観的な意味の領域を自然科学は切り捨ててきましたが、まさにそれこそ、人間の精神を探究するうえで重要だからです。この考えは、フッサールの現象学において、より精緻な原理論、方法論として整備されていくことになります。

[17] ヴィルヘルム・ディルタイ『ディルタイ全集（第1巻）精神科学序説Ⅰ』（牧野英二編、法政大学出版局、二〇〇六、八頁）

ブレンターノもまた、心理学は意識体験と関わりをもつべきだと考え、意識に現われた対象の意味を分析すべきだと主張しました。しかも彼が心的現象に固有な性格として捉えていた「志向性」の概念は、フッサールに大きな影響を与えることになったのです。

しかしフッサールは、「残念なことに彼は、本質的な点で自然主義的伝統からくる先入見にとらえられていた」[18]と述べており、ブレンターノが意識の実在性を前提としていたことを批判しています。ディルタイも意識の背後にある全体的人間の把握こそ重要だと述べていますので、このフッサールの批判はディルタイにも当てはまるでしょう。

ディルタイとブレンターノは、意識の現象に焦点を当てている点で現象学と共通の地盤に立っていますが、意識は身体をもった人間に属する実在的対象とみなされており、この点において、現象学とは明確な違いがあります。フッサールは意識を担った人間の実在性を前提にしておらず（エポケー）、そうした実在性の問題の解明を射程に入れた「現象学的還元」[19]を重視していたからです。

また、ディルタイとブレンターノの記述心理学が意識に現われた対象の意味を研究するとしても、それはあくまで特定の個人の経験が対象であり、個別性が重視されています。一方、フッサール現象学の場合、多くの人が共通了解しうる意味＝本質の考察が中心であり、こうした本質を取り出すために、「本質観取」という思考法が重要になるのです。

現象学的還元と本質観取は現象学の中心的な思考法であり、ここにディルタイやブレンターノの心理学とは異なる独自性があります。ところが、これまでの「現象学的」と呼ばれる人間研究の多くは、現象学的還元の意味を誤解していたり、本質観取を応用できていないなど、記述心理学とほとんど変わりませんでした。

記述心理学は人間の主観的世界における意味の理解に焦点をおくことで、人間科学の扉を開き、大きな一歩を踏み出しました。その功績を否定することはできません。その後、二〇世紀初頭に登場したフッサールの現象学には、記述心理学を超えた可能性があり、人間科学をさらに大きく進展させる役割を担っていました。フッサールもそれを大いに期待していたのですが、残念ながら、現象学の方法、本来の役割は十分に理解されてきませんでした。そのため、多くの現象学的な人間研究、質的研究が、記述心理学の段階で足踏みをしているのです。

現象学的精神病理学

最初に現象学を人間研究に応用したのは精神科医たちでした。彼らの研究はその後も長きに渡って継承され、現象学的精神病理学として知られています。

現在の精神医学の主流は、自然科学的な客観性を重視した生物学的精神医学であり、それは脳や遺伝的要因に病気の原因を求めるような、心身の因果論に基づいています。これに対して現象学的精神病理学は、

[18] エドムント・フッサール『ヨーロッパ諸学の危機と超越論的現象学』（細谷恒夫・木田元訳、中公文庫、一九九五、四一九頁）

[19] 現象学的還元とは、すべてを意識に還元し、意識における確信の問題として捉えることを意味します。意識に現れた対象の意味も実在性も、すべて意識において確信されたものだと考えるのです。とくに事物の実在性を問題にし、その確信が成立する条件を考える場合には「超越論的還元」と呼びます。

フッサール現象学またはハイデガー実存論を精神医学に応用したものであり、患者の主観的世界に焦点を当てることで、患者を理解し、精神疾患の本質を解明しようとするものです。

精神病理学の礎を築いたヤスパースは、現象学について次のように述べています。

現象学の行なおうとすることは、患者が実際に体験する精神的状態をはっきりとわれわれの心の中に描き出し、それに似たいろいろの関係とか情況に基づいて観察し、できるだけはっきりと区別をつけて、しっかりと定まった術語をつけることである[20]。

ここでは「現象学」という言葉が使われているものの、ディルタイの記述心理学を受け継いでいることは確かですが、フッサール独自の方法（本質観取）を見出すことはできません。しかし、こうしたヤスパースの考え方はシュナイダーやコンラート、フーバーらに受け継がれ、後に精神病理学の主流派を形成するほどの影響力をもっていました[21]。ヤスパースは仮説を一切排除して、患者の語りを正確に、つまり客観的に記述することを重視していたため、科学主義的な精神医学にも重宝されたのです。

その後、フッサールの本質直観を精神医学に応用したのが、ビンスワンガー、ミンコフスキーといった精神科医たちでした。しかし、彼らの「本質直観」に関する理解は、いくつかの点でフッサールの主張とは異なっています。

フッサールのいう「本質直観」（本質観取）[22]とは、「自由」「不安」「死」「心」「欲望」等々の概念を対象とし、誰もが共通して了解しうる意味（普遍的な意味）を取り出す作業であり、それは、個別的な主観性の記述・了解を超えた本質を明らかにし、精神病理の解明や治療に寄与することができるものです。しかし、ビンスワンガーやミンコフスキーの主張する本質直観は、「他者の内面を直観的に把握すること」とみなされています。

たとえばビンスワンガーは、「精神病理学的現象の現象学的考察というものはすべて、（中略）まず最初に病める人間の本質へと眼を向け、この本質を直観にまでもたらすものなのだ」[23]と述べています。またミンコフスキーは、単なる患者の内面記述ではなく、現象学的直観が必要だとしながらも、それは、患者の話に耳を傾けると、ある瞬間、全体の核心を知りえたという確信が生じる、というものでした。

一方、現象学的精神病理学のなかには、フッサール現象学よりもハイデガーの哲学に大きな影響を受けたものもありました。ハイデガーによる現存在の分析は、フッサールの本質観取を人間の存在（あり方）に適用したもので、大変優れた現象学的分析だといえます。そのため、精神病理に関しても説得力のある理解が可能だったのです。

[20] カール・ヤスパース『精神病理学原論』（西丸四方訳、みすず書房、一九七一、四一頁）
[21] ヤスパース以降の精神病理学の主流については、木村敏の「精神医学における現象学の意味」（『分裂病と他者』弘文堂、一九九〇、九二‐九三頁）に詳しくまとめられています。
[22] 本質直観には二通りの意味があり、ひとつは事物の意味を（推論なしで）直接的に把握する場合であり、もうひとつは概念の本質を直観と推論によって取り出す場合です。後者が現象学的方法としての本質直観であり、「本質観取」と呼ぶこともできます。
[23] ルートウィッヒ・ビンスワンガー「現象学について」『現象学的人間学』（荻野恒一・宮本忠雄・木村敏訳、みすず書房、一九六七、四六頁）

しかしその反面、ハイデガーは人間のあり方を「本来的」なあり方と「非本来的」なあり方に区分し、「現存在は本来的な自己存在可能としてのおのれ自身から、さしあたってはいつもすでに脱落していて、『世界』へ頽落している」[24]と述べています。これは証明しえない仮説ですが、本来、現象学ではこのような仮説は一切排除（エポケー）しなければなりません。

しかし、ハイデガーの影響を受けたビンスワンガーは、精神病者を「頽落」という概念で記述している点で、証明不可能な仮説に留まっており、本質的な分析になっていません[25]。また、メダルト・ボスも神経症の説明に「頽落」の仮説を援用している点で問題が残ります。ボスは心理的治療に関する優れた本質的分析も残していますが、後期ハイデガーの形而上学的な理論を受け継いでいるため、理論的矛盾を生じているのです[26]。

晩年のビンスワンガーはフッサール現象学に回帰し、躁鬱病を現象学的に分析していますが、これは彼の現存在分析に比べ、あまり評判がよくありませんでした。分析対象が躁鬱病であったことが、現象学的分析の利点を活かせなかった原因であり、「現象学はきわめて『分裂病向き』の知的姿勢に対応し、分裂病はそれ自体きわめて『現象学的』な事態だ」[27]、と木村敏は述べています。現象学では日常の現実性を問い直すため、現実性にゆらぎのある分裂病（統合失調症）の分析に向いている、というわけです。

確かに分裂病者の特徴として現実感の喪失がありますので、現実感の根拠を問うことのできる現象学は、うってつけの思考法といえるかもしれません。現実感は「客観的世界が実在している」という確信（信憑）に基づいていますが、現象学ではこの確信を保留にし（エポケー）、確信の根拠を明らかにすることができるからです。

この考え方を使って分裂病を分析しようとしたのが、ブランケンブルクという精神科医でした。彼は分裂病の根幹には「自明性の喪失」があると考え、「自然な自明性の喪失は、それ自体、間主観的に構成されたものといわなくてはならない。ということは、分裂病性疎外の本質は、それ自体生活世界の間主観的構成の欠陥に基いたものだということである」[28]と述べています。

自然な自明性とは、日常生活における「あたり前」な実感（現実感）であり、彼はこれを間主観性によって構成される、と論じているわけですが、ここには現象学的理解の深さが窺えます。実際、他者の言動は世界の実在性を確信させる重要な契機となっており、自明性の喪失が他者との関係性における障害に起因することは明らかだからです。

ブランケンブルクの仕事は、現象学的精神病理学のひとつの到達点といえるかもしれませんが、それから半世紀近くを経た現在、現象学的精神病理学は退潮の兆しをみせています。それはやはり、現象学における本質観取、現象学的還元が正確に理解されてこなかったからでしょう。

---

［24］マルティン・ハイデッガー『存在と時間　上』（細谷貞雄訳、ちくま学芸文庫、一九九四、三七三頁）
［25］ルートウィッヒ・ビンスワンガー『精神分裂病Ⅱ』（新海安彦・宮本忠雄・木村敏訳、みすず書房、一九六一、一一九頁）における、症例ユルク・ツュントの分析などが典型的。
［26］ボスは心理的治療の本質を自由の獲得だと主張する一方で、人間は「存在の明るみの境域として言い求めをうける」（メダルト・ボス『精神分析と現存在分析論』笠原嘉・三好郁男訳、みすず書房、一九六二、一〇二頁）と述べています。これは人間の自由が存在に規定されていることを意味するため、彼の治療の本質と矛盾しています。
［27］木村敏「精神医学における現象学の意味」『分裂病と他者』（弘文堂、一九九〇、一〇二頁）
［28］ヴォルフガング・ブランケンブルク『自明性の喪失』（木村敏・岡本進・島弘嗣訳、みすず書房、一九七八、一二三七頁）

現象学的心理学

心理学の領域においても、現象学を応用しようとする動きは早くからあり、現象学的心理学と呼ばれています。ただ内容的にはディルタイやブレンターノの記述心理学とあまり変わらないものが多く、先入観を排するという意味でのエポケーや、意識への還元は重視するのですが、本質観取によって普遍的な本質を求める研究はほとんどありません。

たとえば、キーンは「現象学的心理学の目標は、私達がすでに黙示的には理解しているようなもろもろの物事を、露わにして、明示的な理解とすることである」[29]と述べています。ある経験の当事者の意識に現われた対象について、先入観を排してみつめ、想像のなかで背景にある地平（文脈）を変えてみれば、その経験（現象）の中核的な意味（当人も自覚していなかった意味）が明らかになる、というのです。

現象学的心理学を牽引してきたジオルジも、研究対象となる人物の経験について、一切の先入観を排して記述し、背景にある文脈を考慮しつつ、その意味を取り出さなければならない、と主張しています。ただし、ジオルジは単に個人的な経験の個別的な意味を重視していたわけではありません。人間科学としての厳密な手続きにより、ある程度の一般化が必要だと考え、この方法を科学的現象学と呼んでいました。やり方としては、まず叙述全体の感じをつかむために全体を読み、次に叙述を「意味単位」に分割します。そして自由想像変容（想像のなかで文脈を変えてみる方法）を用いて意味単位を吟味し、心理学的特性を露わにするのにふさわしい一般性のレベルにまで導くのです。ただし、〈心理学的意味〉はその場の状況や経験、立場など、文脈によって違いが生じやすいため、哲学的な現象学のような普遍性のレベルにまではいきません。

この点について、ジオルジは次のように述べています。

心理学的不変性の叙述は、あるタイプの経験的現象を構成する、主体、他者、状況の間の関係の特別な質を、明瞭化して可視的にすることを試みる。この不変性は、原叙述の詳細ほどには具体的ではないが、しかし普遍的でもない。それは、中程度の一般化であり、一つの形相的タイプである[30]。

フッサール現象学の本質観取においては、単に共通性をあれこれ取り出すのではなく、そこからさらに核心となる共通の意味（＝本質）を取り出し、シンプルな言葉に置き換えるのですが、現象学的心理学ではそこまでしません。ある経験に共通する不変の構造を取り出すにしても、その経験のプロセスに共通する心理的変化を文脈に沿って詳しく描出し、シンプルな言葉にはしないのです。

ジオルジの挙げた「嫉妬」の例についてみてみましょう。

「嫉妬」という経験の普遍的な本質は、「人が別の人へと向かっている肯定的な感情を自分自身に欲する時に現われる感情」ですが、「中程度の一般化」による心理学的不変性としては、「誰かが別の人に向かっている肯定的感情を自分自身に欲する時、ある喪失の経験が自らの中にあり、自己批判的な感情を惹き起こし、過大な、あるいは非合理的な欲望を抱くが、そうした感情の総てはその人物の内部に秘められたま

［29］アーネスト・キーン『現象学的心理学』（吉田章宏・宮崎清孝訳、東京大学出版会、一九八九、二三二頁）
［30］アメデオ・ジオルジ『心理学における現象学的アプローチ』（吉田章宏訳、新曜社、二〇一三、二二一頁）

まに留まる」といったように、心理的特性を描写するために、やや長い叙述になります。

また、共通構造とはいっても、状況次第では変化しうることが想定されています。そして、それが具体的な状況下にいる人間の意識として捉えられている以上、意識は非人称化されません。超越論的還元（実在性を問う場合の現象学的還元）では、還元された意識は特定の誰かの意識ではないのですが、現象学的心理学における還元（心理学的現象学的還元）では、特定の誰かの意識のままなのです。ジオルジが、人間科学における現象学に必要なのは、人間（誰か）の意識として捉えたままの心理学的現象学的還元であり、超越論的還元ではない、と主張するのは、そういった意味なのです。

なるほど、心理学的研究、あるいは人間科学の研究である以上、単に「嫉妬」という概念の本質を明らかにするのではなく、その具体的状況における心理状態、内面の変化を描出する必要性があるというのは、そのとおりかもしれません。しかしそのような心理的特性も、「嫉妬」の本質を明らかにしたうえで、その関係を考察したほうが、より掘り下げた解明ができるのではないでしょうか。そして、そのような心理的特性の解明をとおして、「嫉妬」の本質もまた、より普遍的なものへと練り上げられていくと思うのです。

私はこうした〈本質〉と〈心理的特性〉の相互参照、〈本質観取〉と〈中程度の一般化〉の往還関係こそ必要であると考えていますが、このことは先に述べた「限定的一般性」と普遍性の問題にも関わっていますので、あとでもう一度検討することにしましょう。

いずれにせよ、ジオルジの功績は称えなければなりません。彼は「意味に対して自然科学的パースペクティヴを仮定してみても、その現象の本質的特徴が見逃されるばかりか、より深い志向的関係に達することすらできはしない」[31]と述べています。確かに人間の主観的世界における意味の解明は、自然科学の枠組みでは不可能であり、現象学を基盤とした人間科学の枠組みが必要になるのです。そして、ジオルジほどこの問題に対して精力的に取り組んだ心理学者は他にいないでしょう。

看護の現象学

現象学的な人間研究、質的研究の試みとして、最後に看護の領域における諸研究を概観してみることにしましょう。

現象学を導入して看護理論を構築する試みは、一九七〇年代から積極的になされるようになりました。最初に現象学を看護領域に導入したのは、パターソンとズデラッドですが、この領域でとくに影響力があるのはジオルジとベナーです[32]。

ジオルジの影響を受けた看護の研究者は、パースィやジーン・ワトソンなど、少なくありません。一九八〇年代半ば頃から人間生成学派を形成したパースィは、研究者と研究協力者の対話を重視し、そこから本質を取り出して科学的な言語に概念化する、というやり方を提示しました。ワトソンのほうは、まず頭の中で経験を思い描き、変わらない特徴、共通の構造（本質）を考察します。ここまではジオルジと同じですが、ワトソンはさらに経験の記述を掘り下げて詩的に表現すれば、経験の深部に近づきうると主張し

[31] アメディオ・ジオルジ『現象学的心理学の系譜』（早坂泰次郎監訳、勁草書房、一九八一、二一二頁）
[32] 現象学は看護の領域に大きな影響を与えてきましたが、このあたりの歴史的経緯については、西村ユミの「現象学的看護研究の歴史と現状」（松葉祥一・西村ユミ編『現象学的看護研究』医学書院、二〇一四、二七－四〇頁）が参考になります。

ています[33]。

一方、看護師の実践や経験の研究に関しては、ベナーの解釈的アプローチという方法が活用されており、看護の領域に多大な影響を与えています。

解釈的アプローチの目的は、私的で特異な出来事の理解ではなく、同じ種類の体験をしている人々の調査に基づき、その経験の共通構造（共通の意味）を解明することです。やり方としては、インタビューを異なった角度から複数回行い、ビデオや録音なども活用して何度も注意深く熟考し、他の研究者の意見も参照します。そうやって解釈を更新し続け、特定の解釈を絶対視しないのです。

ベナーは『ベナー看護論』のなかで、熟練した達人看護師の研究にこの方法を使って詳細な分析を試みています[34]。達人看護師の実践的な知識、技能は身体化され、瞬時の判断や、無意識のうちに優れた行為をしていることも少なくありません。それだけに、従来は記録も理論化もされてこなかったわけですが、ベナーはこの暗黙の知の次元をかなり説得力のある形で文章化し、看護実践に新たな可能性を開いたのです。

実証科学において共通性を発見する場合、脱文脈化（状況・背景の排除）が必要とされていますが、この考え方には限界があります。研究協力者と解釈者の発言は純粋に主観的な発言ではなく、社会的グループ、実践、技能、状況に根ざした出来事によって作り出されているからです。そこでベナーは、「解釈的現象学者たちは決定論的な法則やメカニズム的観点から共通性を探しているのではなく、むしろ文化的な基盤をなす意味における共通性を探求している」[35]と述べ、文脈の重要性を強調しています。

この解釈学的な方法は解釈的現象学とも呼ばれ、しばしばジオルジの科学的現象学と比較されていますが、どこに違いがあるのでしょうか。

まず、両者は経験の文脈を重視しつつも、その一般的な意味（個別の意味を超えた、他の同様な経験にも共通する意味）を見出そうとする点では同じですが、ジオルジの方法がその意味を普遍性のある本質として捉えようとするのに対して、ベナーの方法ではそのような本質の存在を認めず、見いだされた意味（共通構造）もあくまで一つの解釈として、修正し続けようとする点に違いがあります[36]。また、ベナーは複数の事例から共通構造（共通の意味）を見出そうとしますが、ジオルジはテクストから本質を取り出すやり方を、厳密な手続きにもとづいて行うことで、たった一つの事例からでも可能だと考えています。自然科学のように手続きを明確にすることで、単なる解釈ではないか、といった批判を退けようとしているのです。

しかしジオルジの方法では、本質を取り出すといっても、その経験のプロセスに共通する心理的変化の

[33] ジーン・ワトソン『ワトソン看護論』（稲岡文昭・稲岡光子訳、医学書院、一九九二、一三三頁）

[34] この本（パトリシア・ベナー『ベナー看護論』井部俊子監訳、医学書院、新訳版、二〇〇五）は、新人看護師から達人看護師まで数多くインタビューし、達人看護師による熟練された看護行為の本質を取り出した、かなり水準の高い著作といえます。

[35] パトリシア・ベナー「健康・病気・ケアリング実践についての研究における解釈的現象学の流儀と技能」（パトリシア・ベナー編『ベナー　解釈的現象学』相良－ローゼマイヤーみはる監訳、医歯薬出版、二〇〇六、九七頁）

[36] 現象学を教育学に応用し、現象学的な人間研究の領域で注目されているヴァン＝マーネンのように、ジオルジのような現象学的な記述、本質を重視しながらも、そこには解釈が入らざるをえないという主張もあります。これは、解釈によって経験の本質、構造が浮かび上がる、という折衷的な立場といえるでしょう（マックス・ヴァン＝マーネン『生きられた経験の探究』村井尚子訳、ゆみる出版、二〇一一、五三頁）。

描出に重きを置いているため、普遍性のある本質を取り出すわけでありません。具体的状況下の文脈が考慮されており、一般性のある共通構造とはいっても、状況次第では変化しうる限定的一般性であり、ジオルジ流にいえば「中程度の一般化」なのです。

この点において、ベナーの方法との間に大きな違いがあるとはいえません。いずれも、ある経験のなかに一般性のある共通構造を見出そうとするのですが、フッサール現象学のように普遍性のある本質を取り出すことはせず、具体的な状況における文脈を重視しているからです。もっとも、解釈的アプローチのほうが推論・解釈を重視し、解釈の刷新にも積極的であるのは確かでしょう。

いずれにせよ、どちらの方法もフッサールが考えていた意味での本質観取という方法は使われていません。本来、現象学では自らの意識に立ち現われた意味を重視し、これを反省することが方法の要となっているのですが、ジオルジの影響を受けた研究法も、ベナーの影響を受けた解釈学的な研究法も、事例研究をみるかぎり、研究者の主観における意味の直観、意味の変容を重視しているとは思えません。ジオルジの場合は、研究者の意識に与えられた意味の直観が出発点になる、と指摘していますので、その重要性を自覚しているのかもしれませんが、実際の分析では、ジオルジという研究者自身の主観的世界はほとんど描かれていないので、やはり明確なエヴィデンスとして位置づけられてはいないのでしょう。

しかし、まさにこうした研究者の主観における意味の直観、意味の変容に焦点を当て、そこを描出してこそ現象学のよさが活きてくるのであり、それがなければ他の質的研究との決定的な違いが見えなくなってしまいます。以下、フッサール現象学の考え方を確認しながら、その理由を解説していくことにしましょう。

第３節　人間科学と現象学的方法

フッサール現象学と本質観取

従来の現象学的な人間研究は、特定の個人にのみ成り立つ個別性、特有性の研究か、あるいは具体的な状況下での共通構造を求めるかのいずれかであり、フッサールが求めていた普遍的な本質の探究とは異なっています。

これは本質観取（本質直観）という現象学独自の方法が使われていない、ということでもあります。本質観取とは「自由」「不安」「死」「言語」「欲望」「感情」「身体」等々の概念を対象とし、誰もが共通して了解しうる意味（本質）を取り出す作業であり、本質直観とも呼ばれるのは、それが意識において直観された意味を出発点にして、他者と共通了解しうる意味に練り上げていく作業だからです。

たとえば「不安」という言葉を聞くと、私たちは「不安」の意味を直観的に受け取っているものですが、その意味は必ず他者と共通した部分を含んでいます。しかし、そうした共通了解しうる意味を明確化し、誰もが納得しうる言葉に置き換えることは容易ではありません。まず自分の先入観を排し、よくよく誰もが納得しうるか否か、考え直してみる必要があります。そのうえで、多くの人が共通了解しうる「不安」の意味を取り出すことができれば、それが「不安」の本質だと考えられるのです[37]。

こうした本質観取の方法は、心理学をはじめとする人間科学の領域にとって、きわめて有効だと考えられます。先入観を排して意識現象に眼を向け、人間の心理、存在に関わる諸概念（感情、記憶、欲望、不安など）の本質を本質観取によって明らかにすることができれば、人間科学はその土台となる基礎を築き上げることができるでしょう。

フッサールはこうした研究を「心理学的現象学」と呼び、「心理学的現象学は、こういう仕方において明らかに、『形相的現象学』として基礎づけられることができるのであって、このとき、それは、もっぱら不変な本質諸形式のみに目を向けるのである」〔38〕と述べています。「形相的現象学」とは本質観取にほかなりません。

従来の現象学的な人間研究は、本質観取によって本質を見出すという仕事をほとんどしてきませんでした。しかし一方で、人間科学（とくに心理学）における本質観取の意義を理解していた人もいます。たとえば、初期のサルトルは「情動」という心理学概念について、「情動の本質というものに暗々裏に訴えているのでなければ、さまざまな心的事実のなかから情動性をもった事実という特定グループをえりわけてくることも、不可能になってしまう」〔39〕と述べています。情動の本質考察を抜きにしては、情動の心理学はありえない、というわけです〔40〕。

メルロ＝ポンティもまた、心理学的概念の本質観取が心理学全般の諸研究における基礎になることを、次のように指摘しています。

フッサールの考えでは、すべての経験的心理学には形相的心理学が先立たなければなりません。つまり、それは、心理学のつねに用いている基本的諸概念を、自分自身の経験との触れあいから作り上げていこうとするような反省的努力を、まず必要とするのです。事実の認識は心理学の仕事だが、この事実を精錬するに役立つ諸概念の定義は現象学の仕事だ、とフッサールは考えるわけです[41]。

本質観取によって心理学の諸概念の本質を考察し、その定義を明確にすることを「形相的心理学」（本質を対象とする心理学）と呼び、それは自然科学的な経験的心理学の基礎になる[42]、とメルロ＝ポンティはいうのです。

このように、サルトルやメルロ＝ポンティは人間科学（とくに心理学）において概念の本質観取が重要

[37] 本質観取の際には、不安の原像を想像のなかで自由に変更し、それでも変わらないものを取り出さなければなりません。フッサールもこういっています。「自由な変更の行使のなかで、変項の差異とは無関係に、絶対的に同一の内容として、つまり、一切の変項をかさねあわす不変の内容として、一般的本質として浮かび上がってくる」（エドムンド・フッサール『経験と判断』長谷川宏訳、河出書房新社、一九七五、三三九頁）。

[38] エトムント・フッサール『ブリタニカ草稿』（谷徹訳、ちくま学芸文庫、二〇〇四、二二頁）

[39] ジャン・ポール・サルトル「情動論粗描」『自我の超越　情動論粗描』（竹内芳郎訳、人文書院、二〇〇〇、一〇〇頁）

[40] もっとも、サルトル自身の情動に関する本質観取は、あまり優れているとはいえません。彼は情動の本質を「魔術的なものへの意識の性急な墜落」（同上、一六五頁）だと述べていますが、これは情動の一面でしかないからです。

[41] モーリス・メルロ＝ポンティ「人間の科学と現象学」『眼と精神』（滝浦静雄・木田元訳、みすず書房、一九六六、三三一―三四頁）

[42] メルロ＝ポンティ自身の本質観取として優れているのは、「身体」に関する分析です。彼は、「私の身体をしてけっして一つの対象でなく、けっして『完全には構成され』たものでなくしている所以のものは、私の身体とは一般に対象が存在するようにさせている当のものだ、ということだ」（モーリス・メルロー＝ポンティ『知覚の現象学Ⅰ』竹内芳郎・小木貞孝訳、みすず書房、一九六七、一六三頁）と述べていますが、これは身体の本質を鋭く捉えているのです。

であることを認識していましたが、その後の現象学的な人間研究、とくに現象学的な心理学をみるかぎりでは、この考えはほとんど継承されていません。

ハイデガーによる人間存在の本質論

ハイデガーは本質観取の必要性について言及していませんが、彼の主著『存在と時間』には、人間の日常的なあり方に関する本質観取のほかに、「不安」「死」「時間」など、優れた本質観取の数々をみることができます。だからこそ、ハイデガーの哲学は心理学や精神医学、看護学などの研究者たちに、フッサール以上に深い影響を与えてきたのです[43]。

ハイデガーによれば、人間（現存在）とは、自己の気分を了解しつつ、それによってみえてくる可能性をめがけて行動する存在です。たとえば、道端で怪しげな人物が自分を見つめていたとすれば、私たちは妙な胸騒ぎを感じ、急いでその場を立ち去ろうとするでしょう。自らの不安な気分から、その場を危険な状況として受け止め、「逃げる」という可能性を選んだのです。

これはほとんど無自覚のうちに、とっさに採った行動なのですが、気分の了解にはもっと自覚的で、より明確に意識して行動を選択する場合も少なくありません。嫌々していたはずの仕事を終えたとき、その仕事に面白さ、やりがいを感じていた自分に気づかされたとすれば、私たちはその仕事を続ける選択をするはずです。この場合もまた、気分から自分の欲望に気づかされ、その欲望を充足させる道を選んだといえるでしょう。

この点について、ハイデガーは次のように述べています。

了解するということは、実存論的には、現存在自身がおのれの存在可能を存在することであり、そのさいこの存在は、おのずからにして、おのれ自身の要所（おのれ自身が何に懸けられているか）を開示しているのである[44]。

私たちは自分の気分に気づく（了解する）ことで、自分の欲望や不安を自覚します。気分（情状性）は自分がどうしたいのかを教えてくれるのであり、自己の欲望や関心を示しています。それは（知らなかった）自己自身に気づくこと（自己了解）であり、このような自己了解があるからこそ、私たちは自らの欲望・関心の向かう先に眼を向け、その可能性へと歩み出すことができるのです。

結局、人間の存在本質とは、自己了解によって可能性をめがけながら生きることだといえるでしょう。ベナーはこうしたハイデガーによる人間存在の本質論を「現象学的人間観」と呼び、看護理論に応用しています。ベナーは方法論もハイデガーを源流とする解釈学的立場に立っているわけですが、むしろ、ハイデガーの人間観が応用されている点に、その深い影響をみることができるのです[45]。

人間科学におけるハイデガーの影響力は広範に渡っています。それは、ハイデガーの人間存在に関する本質観取が優れているため、人間の主観的な意味や価値を問題とする場合、非常に応用しやすいからで

[43] ただし、ハイデガーはこうした分析を本質観取と呼ぶのではなく、「現存在分析」と呼んでいます。
[44] マルティン・ハイデッガー『存在と時間　上』（細谷貞雄訳、ちくま学芸文庫、一九九四、三一三頁）
[45] パトリシア・ベナー、ジュディス・ルーベル『現象学的人間論と看護』（難波卓志訳、医学書院、一九九九、四七頁）

しょう。その功績を否定することは誰にもできません。

しかし、それゆえにというべきでしょうか、その後、現象学を人間論に応用しようとする試みは、ハイデガーの主張を無批判に転用したものが多く、自ら本質観取を試みようとする研究者がほとんど出ていません。すでに述べたとおり、ハイデガーは「本来性」「頽落」といった証明しえない仮説を導入している点に問題が残ります。したがって、ハイデガーの人間存在の本質論がいかに優れていようとも、無批判にハイデガー哲学を導入すれば、こうした仮説をも解釈に組み込んでしまうリスクをともなうのです。

どんなに優れた本質観取といえども、現象学的な立場に立つ研究者は、必ず自らの内面においてその本質を問い直してみなければなりません。本質観取を自ら実践してこそ、現象学的な人間研究といえるのです。

本質観取における普遍性とは何か？

人間科学において本質観取が応用されていないのは、フッサール現象学が難解であるため、本質観取の重要性が理解されていないことにも原因があります。とくに問題なのは、現象学の求める本質が、客観的な真理と同一視されていることです。

本質観取は真理としての本質の発見ではなく、誰もが納得できるような、共通了解し得る意味（＝本質）を見出し、これを簡明な言葉に置き換える作業であり、本質とは、この共通了解が可能な意味のことを指します。

「自由」の概念について本質観取するとしましょう。私たちは「自由」という言葉を耳にしたり、「自由」

という文字を本のなかで見た瞬間、ある意味を直観しています。真理としての「自由」の本質を直観する力があるのではありません。すでに何度も「自由」という言葉に出会い、自らも使ってきた経験から、この言葉が何を意味するのか、自分なりの理解をもっているからこそ、こうした意味が内面に立ち現われるのです。

先に私は、現象学的方法の特質として、研究者が自らの主観において現われたものに立ち返り、それを内省することが重要になるといいましたが、それはこの直観が本質を確信するうえでの底板になるからです。

無論、私が「自由」の概念から受け取る（直観する）意味は、他の人が直観する「自由」の意味と、完全に一致するわけではありません。多かれ少なかれ、そこには意味のズレがあるでしょう。事実、自由とは何かについて、これまで多くの異なった思想やイデオロギーが存在し、数多くの論争が展開されてきました。

しかし、それでも「自由」の概念には、必ず他者と共通了解できる意味が含まれているはずです。そうでなければ、日常のコミュニケーションにおいて、「自由」という言葉をあたり前のように使うことなどできません。だからこそ、私たちは自らの直観を手がかりにして、誰もが納得しうるような、共通了解が可能な「自由」の意味＝本質を取り出すことができるのです。

このように、「自由」の本質といっても、客観的に正しい「自由」の意味があるのではなく、他者と共通了解が可能な「自由」の意味を、「自由」の本質と呼んでいるにすぎません。そのことはフッサールも十分に認識しており、現象学を本質主義＝真理主義として批判する人々は、根本的な誤解をしています。

誰もがあたり前なものとして使っている言葉には、必ず多くの人々が共通了解できる意味が含まれており、それを取り出す作業が本質観取なのです。

現象学は意識に現われたものだけを対象とし、意識の外部を否定する独我論なので、他者と共通了解する可能性など、最初から想定されていないのではないか、という反論があるかもしれません。意識の外部に他者が存在しなければ、共通了解などできるわけもないのですから。

ポストモダン思想をはじめとする現代哲学は、現象学＝独我論だという批判を展開し、意識に回収されない他者性を強調してきました。現象学的な人間科学の領域においてさえ、普遍的な本質＝共通了解可能な意味、という理解がなかなか進まないのは、こうした思想の影響もあるのでしょう[46]。

確かに現象学は、意識の外部に世界や他者が実在する、という確信を一旦保留（エポケー）し、世界の実在性を確信するのはなぜなのか、その根拠を考えます。ですがこれは、方法上、一時的に保留にするだけで、世界や他者の実在性を否定するわけではないのです。

フッサールは他者との共通了解を重視していましたし、誰もが認めるような共通の意味を本質と呼んでいました。それは決して客観的真理という意味での普遍性ではありません。誰もがよく考えれば共通了解しうるはず、という意味での普遍性なのです。

人間のあり方に関わる概念の本質

誰もが共通了解できる意味などありえない、文化や時代背景といった文脈を抜きにして共通了解はできない、という意見もあるでしょう。普遍的な意味としての本質など、存在しないのだ、と。事実、これまで現象学的な人間研究を含め、ほとんどの質的研究は普遍性を否定し、個別性と限定的一般性の研究に焦点を当ててきました。

しかし、「不安」や「自由」「嫉妬」「病気」「老い」「恋愛」など、普通の人間であれば誰もが経験するようなことを示す概念、すなわち「人間のあり方に関わる概念」は、文化や時代の違いを超えて、ほとんどの人間が共通了解しうるような意味＝本質をもっています。誰もが経験することだからこそ、一般性があり、概念化されている、ともいえるでしょう。そのため、誰であっても自らの内面に本質を問うこと、すなわち本質観取ができるのです。

このような本質観取は、元来、哲学の仕事ともいえますが、人間科学が人間という存在の謎に迫るものである以上、本質観取を抜きにしては語れません。

ジオルジの「嫉妬」の研究なども、基本的には「人間のあり方に関わる概念」の意味を研究しているわけですが、彼はそれを人間科学の仕事として位置づけています。哲学的な本質観取との違いは、文脈に沿った細かい心理描写をも重視し、あまり簡潔な言葉に置き換えない点にあり、彼はそれを「中程度の一般化」と呼びました。それは、普遍的な本質を抽出する段階まではいかない、ということです。

［46］たとえばベナーは、フッサール現象学を独我論として批判し、「ハイデガーはフッサールの教えを受けた人ではあるが、私的に閉じた個人主義的観方には限界があると見定め、共通の意味という考え方を提唱した」（パトリシア・ベナー、ジュディス・ルーベル『現象学的人間論と看護』難波卓志訳、医学書院、一九九九、一一二頁）と述べています。なるほど、ハイデガーの人間存在の本質論が多くの人の共通了解を得られる、というのはそのとおりですが、共通了解できる意味＝本質を求める点ではフッサールも同じであり、現象学は決して私的に閉じているわけではありません。

しかし実際には、ジオルジは「嫉妬」の本質を先に取り出したうえで、それを個別事例に当てはめながら、文脈を含めた細かい心理描写を記述しています。だからこそ、嫉妬における心理変化や細かい描写が生きてくるのであり、優れた研究になっているのです。そこに本質がなければ、心理描写もまとまりを失い、問題の核心が見失われてしまうでしょう。

もっとも、ジオルジは自分が本質観取を遂行したのだとはいっていませんし、それが必要だとも述べていません。ジオルジ自身の内省のプロセスが記されていないので、ジオルジが自らの主観において現われたもの、直観されたものに立ち返って考察したのかどうか、はっきりとはわからないのです。

無論、「人間のあり方に関わる概念」の本質研究だけが、人間科学の仕事だというわけではありません。もっと一般性のない特殊な経験や、限定された範囲でのみ共通了解が可能なケースもまた、人間科学の対象となりますし、むしろ多くの研究はこうしたものでしょう。この場合、インタビューや多くの文献の事例を読むことで、一定の共通性を見出すことはできますが、研究者に同じような経験がないかぎり、自らの経験に問いかけ、自分の意識に立ち現われたものを考察する、という現象学的方法を使うのは難しいようにみえます。では、このような特殊な経験の研究においては、本質観取は使えないのでしょうか？

なるほど、同じような経験をもった人間でなければ、その本質を考察することはかなり難しくなります。しかし、同じような経験がなくとも、比較的似たような経験、もしくは重なる部分のある経験があるはずです。

災害時の恐怖体験に関する研究の場合、災害の当事者でなくとも、何かに恐怖を感じた経験はあるはずですから、必ず共感しうる部分があるでしょう。そして、自分なりに直観した「恐怖」の意味を出発点にして本質観取し、「恐怖」の本質を見出すことができれば、それは災害時の恐怖体験を考察するうえで、とても役に立つはずなのです。

「恐怖」は普通の人ならば誰もが経験することであり、「人間のあり方に関わる概念」のひとつですから、すでに優れた本質観取がなされているかもしれません。それならば、そうした本質観取を応用することもできるでしょう。私が「人間のあり方に関わる概念」の本質観取を重視するのは、このような可能性があるからなのです。

たとえば、ベナーの達人看護師の特質についての研究には、ハイデガーやメルロ＝ポンティによる「人間のあり方に関わる概念」の本質観取が援用されており、この研究に深みと説得力を与えています。無論、ベナー自身が看護師でもあるため、自らの看護経験を問い直してみることもできたでしょう。ただ、ベナーは自らの経験に問うことの意味について触れていませんし、本質観取を自覚的に行ったわけではないと思います。

また、たとえ研究者がベナーのように看護師でなかったとしても、達人看護師の看護行為に類似した経験はたくさんありますので、それを応用することができます。

たとえば、瞬時に危険を判断したり、考えなくても身体が動いてスムーズに患者の世話をしたり、といったような達人看護師の熟練した行為は、車の運転に慣れている人が、無意識のうちに反応できることと重なります。どのような行為であれ、再三繰り返していれば、いちいち考えなくても身体は適切に反応するようになるのです。これは誰もが経験するような「身体性」の本質といえます。「身体」という「人間のあり方に関わる概念」の本質観取をすることで、あるいはメルロ＝ポンティの「身体」に関する優れた本質観取を援用することで、たとえ看護経験のない人間でも、そうした熟練行為における身体性は理解できるのです。

看護師として働いたことがなくとも、誰かを看病した経験が多少なりともあれば、ある程度まで看護の仕事の本質に迫ることができます。病人の世話をする看病という行為は、人間が他の誰かとともに生きる存在である以上、誰もが経験しうるものであり、普通の人間のあり方に関わる行為だからです。

そこで、看護師にインタビューし、看護という仕事の本質を研究する場合でも、こうした自分が看病した経験や、そうした「看病」の自分なりの本質観取が活きてきます。看護師のインタビューをしながら、自らの看病や、誰かに看病してもらった経験を思い浮かべ、自分なりに看護の本質観取をしたうえで、専門的な看護師の仕事を検討していくことができれば、共感や理解が深まる可能性は高いのです。

このように、「人間のあり方に関わる概念」の本質観取は、誰にでも共通了解が可能であるだけでなく、細分化された特殊な経験の研究にも応用することができます。だとすれば、特殊な経験の研究以前に、まず一般の人々が共通了解しうるような、「人間のあり方に関わる概念」の本質観取が先行しなければなりません。その研究が十分になされてこそ、個別の体験や、限定的な共有性のある経験の意味について、十分に納得のいく答えを見出すことができるのです。

すでにメルロ＝ポンティやハイデガーによる優れた本質の分析が残されており、かなり広く応用することが可能ですが、私たちはそれらの理論を無批判に使うべきではなく、絶えず自らの経験に立ち返り、その意味を問い続けなければなりません。そしてもちろん、まだ十分に本質が解明されていない「人間のあり方に関わる概念」について、共通了解が可能な意味を見出していく必要があるのです。

本質研究と個別研究の往還

従来の人間科学における質的研究は、まず個別の事例と向き合い、その独自性、個別性の理解を中心に置くか、そこからさらに一般化を目指すとしても、文化的・時代的背景や境遇、立場などが共通する範囲内の限定的一般性に焦点を当てるか、いずれかが目的とされていました。これは現象学的な人間研究についても同様であり、文脈を超えた一般性、すなわち普遍的な本質を求めることはなかったのです。

しかし、文化や時代背景を超えた、人間という存在一般の謎を探究すること、人間のあり方に関する普遍的な意味、本質を解明することは、人間科学の根幹に関わる重要な作業だと思います。そのためには、「人間のあり方に関わる概念」の本質観取が欠かせません。

そもそも個別経験の意味にまったく一般性がなければ、他の類似した経験に活かすこともできませんし、自然科学のように、その知識が蓄積され、発展する余地もないでしょう。仮に個別性の研究が、その経験の当事者にとってのみ役立てばそれでよいのだとしても、その経験の意味がまったく恣意的で、ひとつの解釈にすぎないとしたら、はたして経験の当事者にとっても役立ちうるのかどうか、かなり疑問といわざるをえません。

「人間のあり方に関わる概念」の本質を解明することができれば、それは個別性の研究において応用することができます。嫉妬や不安、死、病などの概念は、誰もが関わっている問題であり、そこには文脈を超えて共通了解しうる意味（＝本質）があるのです。そうした本質を念頭において、さまざまな経験の語りを聴けば、必ず意味の重なる部分があるはずですし、だからこそ研究者の主観に響くものがあり、その意識に立ち現われたものを内省することで、研究対象となっている個別経験の意味に迫ることができるのです。

たとえば、癌になった人の経験を研究する場合、その個別性は文脈によって異なってくるでしょうし、癌の経験のない人には理解が難しいと思います。しかし、癌になった経験がなくても、病になった経験や、死に直面した経験、あるいは死について考え、苦しんだ経験があれば、癌の人の語りを聞いた場合でも、その苦しみに共感できる部分があるでしょう。また、自分なりの死や病の本質観取を目の前の研究事例に重ねながら、癌という病の本質に迫ることもできるはずです。

あるいは、優れた病の本質観取、死の本質観取の仕事がすでになされていれば、それを自らの経験にそって確かめながら、いま研究対象となっている癌の人の経験談に重ね合わせてみることもできます。死の本質観取に関しては、すでにハイデガーの優れた分析が『存在と時間』に記されているので、これを援用することもできるでしょう。先人の優れた本質観取の仕事は、もう一度自分自身で確かめてみなければなりませんが、そのうえで確信がもてれば援用し、個別事例の特殊性、個別性について、文脈に沿った研究に向かうことができるのです。

これは個別性の研究だけでなく、文脈を重視した限定的な一般性を求める研究においても同じことがいえます。

癌患者に共通する悩みが研究テーマなら、その共通構造をあぶり出す前に、まず死や病の本質観取に向き合う必要がありますし、そうでなければ、人間の存在本質に根差した深い研究はできません。そもそも「人間のあり方に関わる概念」の本質観取においても、個々の経験を想像して考える際には必ず文脈にそって考えているのであり、決して文脈を排除した思考ではありません。

また、本質観取から個別事例へと向かう一方で、個別事例から再び本質を再検討することもできるでしょう。「人間のあり方に関わる概念」の本質から、個別事例の心理特性を分析したり、複数事例の共通構造を検討するだけでなく、そうした個別の心理描写や特性、限定的な共通構造から、先に利用した「人間のあり方に関わる概念」の本質観取を見直すことができるのです。

ここには事例と本質の往還関係が存在します。まさにそれこそが、人間科学にとって必要な研究態度なのです。

人間科学の可能性

私は人間科学における現象学の可能性を考察し、本質観取という思考法がきわめて有効であることを示してきました。これまで質的研究の一手法とみなされてきた現象学的な人間研究では、本質観取はほとんど使われていません。なかには本質をうまくつかみ出したような研究もありますが、それらの多くはフッサールの思考法に無自覚で、研究者自身がどう感じたのか、自らの主観に生じたことを内省するプロセスが記されていないのです。

繰り返しますが、研究者が自らの内面に問うことがなければ、現象学的な研究とはいえません。研究対象となる人物の語りを聴くとき、ただそれを客観的に記述するのではなく、自分の感じたこと、自分の意識に立ち現われたものに目を向け、その意識体験を内省すれば、そこに共通了解が可能な意味を見出せるでしょう。それを誰もが納得しうるような言葉に置き換えれば、共通了解の可能性はより多くの人々へと拡がるのです。

このように、研究者が自らの意識体験を反省する点にこそ、現象学的な思考法の特質があります。無論、自然科学の側からすれば、このような意識体験の反省は主観的なものにすぎず、科学的な根拠とはなりえない、という反論があるでしょう。しかし、本当にそうでしょうか？

そもそも自然科学は「この世界はどうなっているのか」という問題意識を共有していますが、現象学的な観点からすれば、世界が実在する、という前提そのものに問題があります。私は眼の前に広がる世界を見ながら、この世界が実在していることを微塵も疑ってはいませんが、それはあくまで私の確信、信憑にすぎないし、決して証明することはできません。

では、いったいなぜ私たちは、眼の前の世界が実在している、と確信しているのか。この問いに関して、フッサールは「世界が実在する」という先入観をいったん保留（エポケー）にし、すべてを意識という主観における現象として考えるわけですが、これが現象学的還元（この場合は超越論的還元）と呼ばれる方法です。すると、眼の前の世界、つまり意識に現われた世界が本当に実在するのかどうかはわかりませんが、そのような世界がいま見えていること、意識に現われていること自体は疑えない、そう気づかされます。この疑えなさ（不可疑性）こそ、「この世界は実在している」という確信の根拠なのです。

これまで、自然科学は客観的世界の実在性を前提にして、その状態、運動、因果関係などを明らかにしてきました。たとえば、ある物質の運動や成分特性を研究する場合、その実験結果は研究者が観察することで確かめられ、それが結論の根拠（エヴィデンス）となっています。ところが現象学の考え方からすれば、観察する（見る）ことは、その物質の真実を確証するというより、そうした結論への確信の根拠になるとしかいえません。

このように、自然科学が前提としている客観的世界の存在自体が、意識における不可疑性によって確信されている以上、意識体験の内省など主観的なものにすぎない、というような現象学批判は、最初から矛盾していることがわかるでしょう。むしろ、意識体験において確かだと感じられたものは、人間科学の結論を導く根拠になるだけでなく、自然科学の結論をも根底で支えているのです[47]。

以上のように考えてくると、もはや現象学は質的研究の一手法にとどまらない、重要な意味をもっていることがわかります。それは、人間科学における基礎的な原理を指し示しているだけでなく、自然科学の基礎的な原理をも明らかにしています。まさにこうした学問全体の基礎づけこそ、フッサールの意図したものだったのです。

このような学問の基礎的な原理を踏まえなければ、人間科学における経験の意味の探求は、単に主観的なものにすぎない、という批判を免れることができません。ポストモダン思想を背景にした理論、たとえばナラティヴ論などでは、一見、自然科学とは異なる独自な枠組みを提示しているように見えますが、結局は相対主義に陥りやすく、誰もが納得するような理論を作り上げ、共通了解を拡げることは難しいでしょう。現象学が提示した考え方のなかにこそ、まさに人間科学の可能性があるのです。

[47] 西研による次のような指摘が、この問題を明確に示しています。「フッサールのエビデンスの概念は、反省的な明証に限られたものではなく、世界のなかの事実や事態を直接に見て取る『知覚』による基礎づけ、つまり経験科学的エビデンスをも包括するものとなっている」（西研「共通了解のための現象学」『法政哲学』10、43－58、法政大学法政哲学会、二〇一四、四六頁）。

第3章　人間科学と本質観取

西　研

はじめに　〝現象学的な〟人間科学とは？

人を支援する実践と学問

人間科学という言葉は、歴史学や文学研究なども含む人文学全般に対して用いられることがありますが、ここでは主として「人を支援する実践を支えるための学問」を念頭において論じることにしたいと思います。たとえば保育・教育・介護・看護・医療・心理臨床のような支援の実践があり、他方にその実践をよりよいものにするための学問として、保育学・教育学・看護学・社会福祉学・精神医学・臨床心理学などがあります。このような学問を、ここではとくに人間科学と呼ぶことにします。

ここでの実践とは、支援する側と支援される側とが関わりあうことです。この「関わり」について、鯨岡峻さんは「接面」という言葉を用いておられますが、この接面をていねいに捉えていくことが、支援を支える学問としての人間科学にとっては必須となるはずです。そして、それと別なことではありませんが、人間科学は、他者のあり方の了解と、自分自身のあり方の了解（以下、他者了解と自己了解）を育んでいくことに寄与しなくてはなりませんし、あるいは、これを育んでいくプロセスそのものでなくてはならないでしょう。それは一方では、自他の体験世界に共通する本質的・基本的な構造についての理解を育み、他方では、各人の体験世界がそのもとにあるさまざまな諸条件（身体の能力・他者との関係・使える資源など）についての理解を育んでいかねばならないでしょう。

本質観取――現象学の方法の核心

そのような仕方で人間科学が展開していくために、現象学は大いに役立ちうると私は考えています。現象学は、人間の「体験世界」の基礎的な構造を探究するための方法としてフッサールが編み出したものですが、その方法の核心は「本質観取」と呼ばれます。現象学はハイデガーやメルロ＝ポンティのような後進の現象学者によって発展させられてきましたが、しかし後に述べるような理由から、哲学の世界では現象学は一時期――一九八〇年代から二〇世紀末くらいまで――時代遅れの形而上学のように扱われていました。

しかし竹田青嗣と私は、「現象学の本質観取の方法のもつ意義とポテンシャルにはきわめて大きなものがあるのに、それはいまだによく知られていない」と考え、一方でフッサールの著作に戻ってその方法的意義を確かめながら、他方では本質観取を用いた哲学的なワークショップをさまざまなテーマで行ってきました。おそらく一九九五年ころからだったと思いますが、とくに私が行ってきたテーマとしては、なつかしさ・嫉妬のような「情緒」の本質、自由・正義・美のような「価値」の本質、教育や科学のような「社会的営み」の本質などがあります。これらを社会人、大学生や高校生とも語り合ってきました。

それと並行するように、人間科学の領域でも現象学的な方法を用いた研究が行われるようになってきました。アメリカではヨーロッパでの現象学の不人気とは対照的に、二〇世紀の最後の四半世紀に、心理学のアメデオ・ジオルジ、看護学のパトリシア・ベナー、教育学のヴァン＝マーネンらが出ていますが、日本でもその動きに刺激されて、現在では現象学的な方法を用いた質的研究がさかんになってきています。

現象学的な人間科学とは

しかしそのさい、現象学的な人間科学の研究というときの「現象学」が何を意味するのか、について、アメリカでも日本でも明確に共有されたものがあるとはいえません。それでも、およそ次の二つのことは共有されているといえそうです。

①支援される人や支援する人の「体験」について、それを自然科学や社会学のように外側から説明するのではなく、当事者がそれをどのように体験しているかを内側から考察しようとする姿勢

②その体験から、ある種の「一般性」をもったもの――構造とか本質と呼ばれる――を取りだそうとする姿勢

このような共有点もありますが、しかし現象学的と呼ばれる方法はさまざまに乱立しており、さらに、

それぞれがフッサールの現象学的方法のどこをどのように受けつぎ、あるいは変更しているのか、ということもハッキリしないままになっています。

フッサールは哲学者として、人間の体験世界の一般的な構造——どんな人の認識や価値にも通じる一般的な本質——を取り出そうとしましたが、人間科学では、ある病気の患者さんの体験のような、何らかの特別な条件のもとでの体験の特質を探ることが多くなります。ですから、フッサールのようなまったくの一般性ではなく、特殊な条件のもとにおける一般性を探ることになっていかざるをえない面があります。さらにそのさい、インタビューを用いたりするように、人間科学は「経験科学」の面をもっています。

そのため、フッサールの方法を、経験科学にも応用可能なものとして変えていく必要があることになります。しかしそれは「なし崩し」ではなく、はっきりとした理由のもとでの変更でなくてはならないでしょう。そしてこれは単なる技術的な問題ではなく、人間科学の営みをどのようなものとして理解するか、ということにも深く関わってくるはずです。

現象とエヴィデンスについて

さしあたって、現象学の方法の二つの重要なポイントに注目してみましょう。

現象学は「現象」についての学です。フッサールにとって現象とは、「一人称の」意識体験です。つまり「私」が意識し体験すること、です。あらゆる対象や事柄は、私の意識体験において〝現れて〟くるので、私の意識体験を——体験に現れてくるかぎりでの対象も含めて——現象と呼ぶのです。

このように現象とは、もともと「私の意識体験」のことなのです。そして「私の」体験であるからこそ、それをみずから反省することで、ある種の体験（たとえば事物知覚）に共通する「一般的な構図」を取り出すことができる、というのがフッサールの方法でした（これについては、第1節で詳しく検討します）。

ところが、人間科学において「現象学的」と称する研究のほとんどが、他の質的研究と同じく、他者の語りを文字に起こしたものや他者の書いたエピソードのような「テクスト」を分析する、というかたちになっています。ではそのとき、現象はどういうことになるのか、ということが問題となります。

そしてこの点と深くつながっているのが、「エヴィデンスをどう考えるか」という問題です。何らかの学問的主張をするさいの証拠や根拠のことが「エヴィデンス」と呼ばれます。自然科学を含む実証的な経験科学は、何よりも、実験や観察の結果をその主張を支えるもっとも重要なエヴィデンスとしてきました。さらに実験と観察によって得られたデータを数学的手法によって分析し、諸要素のあいだの相関性を示したもの（統計の結果）も、しばしばエヴィデンスと呼ばれています[1]。

では人間科学においてはどうでしょうか。現象学的な研究を含む人間科学の質的研究においては、やはり語りの記録である「テクスト」が、語り手の心の世界に生じた「事実」を表す証拠、つまりエヴィデンスだとみなされています。そしてその記録にだれもが同じ仕方で行えるはずの「一定の手続き」を加えて分析すると、出てきた結果には客観性・科学性があるはずだ、ということになります。このような学問観は、人間科学においてきわめて強いように思われます。

---

[1] 医療において治療方針を決定するさいに、ある薬や術式にどれくらいの効果があったかの統計を参照しますが、この統計のことがエヴィデンスと呼ばれるのはご存じの方も多いでしょう。このように医師の直観のみにたよるのでなく、統計を参考にして行われる医療がＥＢＭ（Evidence Based Medicine）です。

しかしフッサールが考えたエヴィデンスは、「テクスト」ではありません。現象学は自分の体験の反省によって、ある種の意識体験（事物知覚など）のもつ共通な構造を取り出そうとするのですが、そのさいの根拠（エヴィデンス）となるのは、自分の体験を反省してみると「確かにこうなっている・そうとしかいえない」ということです。このような体験反省のもつ確実性ないし不可疑性のことを、フッサールはデカルト以来の哲学の用語でエヴィデンス（明証性）と呼び、これにもとづいて人間の体験世界の本質的な構造を取り出していこうとしたのです。このようなエヴィデンスのことを、「経験科学的エヴィデンス」と区別して、私は「（体験）反省的エヴィデンス」と呼ぶことにしたいと思います。

人間科学の自己理解と〝反省的エヴィデンス〟

基礎データとしてのテクストがエヴィデンスであり、そこに一定の客観的な分析を加えて結果を導く、というやり方は、人間科学と自然科学の「科学性」を本質的に同じものとみなすところからきています。つまり、捉えようとする対象が、心の世界か、心の外にある世界にあるかのちがいがあるだけであって、なんらかの対象の事実や法則や構造を捉えることをめざす点ではまったく同じものである、ということになります。

しかしこのような、人間科学の「自己理解」は適切なものでしょうか。人間科学は経験科学ですから、テクストデータをエヴィデンスの一つとすることを避けることはできないとしても、テクストを読んで語り手の体験世界を思い描き、そこに自分と共通する心の動きや、自分の体験世界とは異なった生の条件に気づく、という「読み手」の体験も等しく重要であるはずです。つまり、読み手のなかに生じる「確かな感触」も、じつは人間科学においては不可欠のものとして働いているはずなのです。

そうだとすれば、人間科学は〝疑似自然科学的〟な自己理解を脱して、より実態にふさわしい自己理解をもつべきでしょう。そのためにも、反省的エヴィデンスを駆使して人間の体験世界を理解しようとしたフッサールの構想に立ち戻ってみることが役立つはずです。

本章の進行

本章ではまず、このフッサールの構想を、エヴィデンスと本質という二つの論点に即しながら、なるべく簡潔に提示してみます（第1節）、さらに現象学的な探究を具体的にはどのようにして行えばよいのか、ということを、「なつかしさの本質」というテーマに即して行ってみます（第2節）。そのうえで、あらためてこのフッサールの構想から光を当てたとき、人間科学の研究をどのように理解すればよいか、について考えてみます（第3節）。

第1節　フッサールの構想――反省的エヴィデンスと本質について

これからエヴィデンスと本質というフッサール現象学の二つの鍵概念について、順番に検討を加えていくことにします。いささか抽象的な議論になりますが、この過程を通ることで、フッサールが提示しようとした新たな学問の構想がはっきりとみえてくるはずです。

1　反省的エヴィデンスとは

反省の明証性は公共性を欠く？

先ほど述べたように、フッサールは、「経験科学的（自然科学的）なエヴィデンス」つまり実験・観察・統計といったものとは異なる、「反省的なエヴィデンス（明証性）」にもとづく学問を提唱しました。これはすなわち、「自分の意識体験を反省してみると、それがかくかくしかじかのあり方をしていることが直接に確かめられる」ということでした。

しかしこの反省的なエヴィデンス（明証性）については、これまでさまざまな疑念が寄せられてきました。その代表的なものの一つが、アメリカの哲学者リチャード・ローティによる批判です。すなわち、〈明証説は、自分自身の体験を直接に反省しているからこそ、体験について正しい指摘ができるとみなす。しかしそもそも真・偽というものは、自己内の反省によって得られるものではなく、「社会的な実践と正当化」においてのみ成り立つ〉[2]というのです。つまり、自分のなかで真だと確信できるだけでは、まだほんとうの意味での「真」とはいえない。公共的な場面での確かめあいがあってはじめて「真」ということがいえる。こうローティはいいたいのです。

ローティのような哲学者だけではなく、経験科学の立場からも「反省による明証性」に対しては以前から疑念が向けられてきました。〈意識体験の自己反省は、閉ざされた私秘的な領域で起こることであり、他人からは見えず公共化されえない。これに対し、行動の次元は、誰もがそれを観察し記録することができる公共的な領域である〉というのです。そしてこの考え方からは、心をブラックボックスとみなして行動のみを記述しようとする「行動主義」の心理学が生まれてきました。アメリカの心理学界では現在に到るまで、この行動主義の立場が大きな力をもっています。

これらの批判を、学問には「議論しあえる公共的な次元」が必要である、という点で捉えるかぎり、そこには確かに正当性があります。そして実は、フッサール自身の書き方にも、上のような批判を呼び寄せてしまう面があるのです。したがって以下では、フッサールの述べることを私なりに補いながら、反省的エヴィデンスに依拠することによって公共的次元が成立することを示してみようと思います。

エヴィデンスとは〝それ自身〟の現前

フッサールはエヴィデンスについて、およそ次のように述べています。――判断の真偽は、その判断の内容が、言及されるじっさいの事柄と「一致」するかどうかによって決まる。そのさい、事柄が想像や想起や推定によって与えられるならば、一致は確かとはいえない。しかしそうではなく、事柄が「事柄それ自身として現前する」ならば、私たちは判断内容と事柄との〝卓越した一致〟を得ることができる、と。このように、判断される事柄（事実、事態）がまさしく〝それ自身〟として与えられることを、フッサールはエヴィデンス（明証性、独 Evidenz）と呼ぶのです[3]。

これではあまりにも抽象的ですので、一つ簡単な例を挙げてみましょう。「隣の部屋には椅子が何脚

[2] リチャード・ローティ『哲学と自然の鏡』（野家啓一監訳、産業図書、一九九三）の第二部第四章「特権的表象」を参照。

あったかな？」と思って、部屋のなかを想像してみて「確か三脚あったはずだ」と結論した場合には、これは明証的な判断とはいえません。勘違いの可能性があるからです。しかし、じっさいに隣の部屋に行って見てみたら三脚あった、というときには、目の前に「事柄そのもの」が、つまり「部屋のなかに椅子が三脚あるという事態」が直接に現前しており、こうした「そのものの現前＝明証性」によって、自分の判断が根拠づけられたことになります。

じっさい自然科学は、実験と観察の記録を科学的な主張をなすためのエヴィデンス（根拠）とみなしてきたのですが、それは、実験と観察が世界内の事実や事態を――想像や推論によるのではなく――〝そのまま直接に見て取ること〟であるからです。見ることとその記録は、世界の事実をもっとも直接に伝えるものであり、だからこそ、科学のエヴィデンス（根拠・証拠）とみなされてきたのです。

しかしフッサールは哲学者として、このような「経験科学的なエヴィデンス」だけでは足りない、と考えました。たとえば数学と経験科学とでは真理の質がちがいます。数学はだれもが認める「普遍妥当性」をもっていますが、自然科学のような経験科学の理論はいかに信憑性があったとしてもつねに「仮説」という性格を失うことがありません。そのような「真理のあり方」のちがいや、さらには善や美の根拠のような「価値」の問題を探究することは、事実の観察のみをエヴィデンスとすることによっては不可能です。そこでフッサールが哲学するために依拠したのが、「反省的エヴィデンス」なのです[4]。

客観的な対象の認識と体験反省のちがい

フッサールは、客観的な事物や事実の認識と、体験の反省とのちがいを、およそ次のようにいっています。――事物や事実を認識の対象とするときには絶対的な正しさはありえない。なぜなら、「あ、人がいる」と思って近くに寄ってみたらマネキンだった、また「まん丸いボールがある」と思って触ってみたら裏側はへこんでいた、というようなことが起こりうるからだ、と。事物の直接の知覚には、想像ではなく確かに〝事物そのもの〟を受けとっているという感触が伴っていますが、後になってその認識が訂正されることがあります。なぜなら事物の知覚は、じつは直接に与えられた色や形の感覚をもとにして「この事物はこういう色・形をしているにちがいない（このボールはおそらく裏も丸いはずだ）」というふうに事物の「像」を思い描いているからです。このように客観的な対象の認識は、思い描かれたものである以上、後続する体験によって書き換えられる可能性をつねにもっています。

それに対して、自分の体験を認識の対象とするとき、つまり自分の体験を反省してそのあり方を確かめるときはどうでしょうか。私がいま花瓶を見つめているとします。その体験を反省してみると、その肌が薄黄色でツルツルした質感をしていると自分がいま感じていることがわかります。この「いま自分は薄黄色やツルツル感を感じているということ」、これが書き換えられることがあるでしょうか？　そばに寄ってみたら、じつはその花瓶はホログラムの映像で実物としては存在しなかった、とか、光線の加減で薄黄色に見えたがじつは真っ白だった、ということは起こりえます。しかし「いま薄黄色を感じていること」

［3］フッサール『デカルト的省察』（一九三一）§4、E. Husserl, *Cartesianische Meditationen*, in Gesammelte Schriften/Edmund Husserl, Bd. 8, hrsg. von Elizabeth Ströker, Hamburg: Meiner, S.12. 以下、原書は CM と略記します。

［4］この「反省的エヴィデンス」はあくまでも西の造語であることに注意してください。フッサール自身は、とくに体験反省の明証性を表すための特別な用語を作っていません。

（ないし「たったいま薄黄色を感じていたこと」）じたいが否定されることはありません。

つまり事物の像は思い描かれたものですから後になって変更されることがありえても、体験は直接に与えられていて思い描かれたものではない。ですから、「反省してみると、自分の体験は確かにこのようになっている（＝いま自分は薄黄色を感じている）」ということを疑うことは決してできない。この意味で、体験反省には確実性・不可疑性が伴っているのです。この体験反省のもつ不可疑性こそが、「体験反省的エヴィデンス」なのです［5］。

体験反省から公共的議論への通路

しかし、この不可疑性はあくまでも「私にとって」のものでしかありません。私が自身の体験を反省して記述したものを他者が読んだとき、「なるほどあの人は薄黄色を感じていたのか」とは思ってくれるでしょうが、それはあくまでも「人ごと」でしかありませんし、そもそも私がでたらめの記述をした可能性も排除できません。つまり、私の具体的で個別的な体験をそのまま記述しても、公共的な議論の通路は拓けてきません。

ですが、私だけでなくどの人にもあてはまるような、体験の一般的構図を取り出すならば、それをめぐって議論が可能になるはずです。たとえば、どんな人の「なつかしさ体験」にも共通するものは何か？と問いつつ、「私自身のなつかしさ体験」を材料として、そこからいくつかのポイントを取り出して記述するとします。すると他者は、私の取り出したポイントを読んだうえで、こんどはその人自身のなつかしさ体験と照らし合わせてみる。そうすることで、私の描いた記述が「ほんとうにどんな人の体験にもあてはまるかどうか」を吟味し、さらに、よりよい表現へと訂正したり、新たな論点を付け加えたりすることができることになります。このように、「どんな人の体験にも共通する一般的な構図」を、自分の具体的な体験の反省から得られる反省的エヴィデンスにもとづいて取り出そうとすることが、本質観取または本質記述と呼ばれることになります。

このようにフッサールは、反省的エヴィデンスにもとづくことによって、認識や価値について体験世界の「共通な構図」を探究するための公共的な議論の空間を作り出そうとしました。まさしくこれこそがフッサール現象学の方法の核心である、と私は考えているのですが[6]、驚くべきことに、意識内での反省が公共的な議論の場面にどうつながるのか、というこの重要な論点について、フッサール自身はほとんど語ることがありません。この欠落が、フッサールの明証説に対するローティらの批判を呼び寄せてきたと考えられます。

さて、この反省的なエヴィデンスにもとづいて人間の体験世界を探究するために、フッサールは二つの方法が必要だと考えました。その一つが現象学的還元であり、もう一つがいま指摘した本質観取です。この二つについて、詳しく見ていきましょう。

---

［５］この外的認識と体験反省の問題は、フッサール『イデーンⅠ』（一九一三）§38－46において、「超越的知覚」と「内在的知覚」のちがいとして詳しく論究されています。

［６］西研『哲学的思考――フッサール現象学の核心』（ちくま学芸文庫、二〇〇五）は、フッサールの著作に即しつつ、この点を詳しく論じています。

2　現象学的還元

フッサール現象学の方法は、①意識体験の場面に立ち戻ること、つまり〈現象学的還元〉を行い、次に②その意識体験について〈本質観取〉（形相的還元とも呼ばれる）を行う、という二段構えになっています。

この「現象学的還元」という言葉はよく知られていますが、なかなかわかりにくく、これまでさまざまな解釈がなされてきました（「いまだに現象学的還元はよくわかりません」という言葉を、大学院で現象学を学んだ看護師さんから聞いたこともあるくらいです）。現象学的還元については、フッサール『ブリタニカ草稿・第四草稿』での説明が明解ですから、それを紹介しながらポイントを整理してみます。

現象とは

さて、現象学とは「現象」についての学、という意味です。この「現象」とは何か、について、フッサールはおよそ次のようにいっています。

ふだん私たちの意識は、直接に対象や事態に向かっています。机で書き物をしていて、書き間違ってしまった。「消しゴムはないか」と思い、机の上を見回して、「あった、消しゴムだ」と思う。そのさい、私たちは「消しゴム」を意識しているのであって、「消しゴムを探している意識」を意識してはいません。しかしふりかえって反省してみれば、「消しゴムを探している意識」があることがわかりますし、さらに、その意識体験のなかで消しゴムという対象が与えられていることもわかります。

このように、あらゆる対象や事態は、各自の意識体験のなかで「現れて」きます。宇宙の広がりも、星空も、青い地球の姿も、世界や日本のなかで起こったさまざまな諸事件も、物理学も、数学も、友達も、目の前の机も、自己イメージすらも、すべて意識体験を通じて「現れて」くるのです。フッサールはいいます。――事象そのもの、価値、目的、有用なものなどは「主観的体験においてわれわれに『意識』されるのであり、もっとも広い意味においてわれわれに『現れて』くるのである。それゆえ、それらの主観的体験すべては現象（独 Phänomene, 英 phenomenon）と呼ばれる」[7]。

つまり現象とは、ふだんは意識されていない「意識体験」のことです。この意識体験に着目し、それを一切の対象が登場してくる場面として見たときに、「現象」という言い方をすることになります。

ところで、いま「場面」といいましたが、意識体験は、さまざまな感覚や像が次々と流れていく受動的なスクリーンとしてあるわけでありません。ほとんどの場合、意識は何かの対象や事態に〝向かって〟ゆき、ときには注意深く観察しようとしたりします。このように対象や事態に向かいそれをめがける、という意識の根本的な特質を、フッサールは「志向性」と呼んでいます。

現象学的還元とは

さて、このような〈一切の物事が現象してくる場面である「意識体験＝現象」のあり方を、その意識体験の場に内在しつつ捉えようとすること〉が現象学的還元です。あくまでも意識体験＝現象の場面にとど

[7]『ブリタニカ草稿・第四草稿』（一九二九）§２、Husserliana Bd. IX, S.279.

まって、その「外側」を考えないことにするのです。

対象については、「意識されるかぎりでの対象」のみを問題にすることにして、その対象が客観的にどうなっているか、は考慮に入れない。また、意識体験じたいを第三者の立場から客観視して社会学的に説明したり、脳科学的に説明したりすることもしない。「私は物事をかくかくしかじかのように体験する」という「一人称」の場面にとどまって、体験の反省・観察という立場を徹底することが、現象学的還元なのです。

この「一人称」の場面にとどまる現象学的還元は、もともとは、デカルト以来の認識の謎であった「主観・客観一致の難問」を解こうとする、認識論なモチーフから生まれてきたものですが、そのことは本章ではふれる余裕がありません[8]。ここでは一人称の体験の場にとどまることの意味を理解するために、一つ例を挙げておきましょう。

これはフッサールが挙げている例ではありませんが、たとえば「神」について現象学はどのようにアプローチするか。

まず確認しておきますが、「神が存在するかどうか」という問いには、だれもが納得しうるような合理的な答えを出すことはできません[9]。現象学も、「神が客観的に存在するかどうか」といった意識体験の「外側」のことは問わずにペンディングにしておきます。そのうえでしかし、「神はどのように体験されているか」は問える、と考えるのです。

かつての私のゼミの男子学生で、プロテスタントのある宗派に属している人から聞いたのですが、その宗派の人たちは、寝る前に必ず神様とお話をするのだそうです。楽しかったこと、辛かったことなどいろんなことを話すのでしょう。ではそのとき、神様はどのような意味をもつものとして体験されているか。——私は「親」に似ているなあ、と思いました。いつも自分を見守って気にかけてくれていて、うれしいことでも辛いことでも話していい。ときには「しっかりしなくてはだめだよ」と叱ってくれるのかもしれません。

この私の見方が、はたして彼の宗派の人々の体験にぴったり重なるかどうかは、彼に尋ねてみなくてはなりませんが、このように、神や死後の世界といった主題についても、現象学は「どのように体験されているか」という仕方でそれを問うことを可能にします（死後の世界も、それが「ひどく気になる」「あれこれ思い描いたりする」というような仕方で、やはり〝体験〟されているのです）。

このように現象学は、私たちのあらゆる体験についてその意味を深く掘り下げることを可能にするような方法なのです。辛い運命の「受容」や、自分を害した他者を「赦す」といった人間的な体験のもつ意味や、それが成り立つ条件を考察すること。また「正義」という観念が私たちの生のなかでどのような意味をもっているのかを問うこともできるのです。このような、現象学のもっている広大な射程については、後にふれようと思います。

［8］第1章の竹田論文が、この問題を詳しく論究しています。
［9］カント『純粋理性批判』は、神の存在証明も非存在証明も不可能であることを証明しようとしました。人間理性によって解決可能な問題と原理的に解決不可能な問題を分けることも、哲学の大きな課題の一つです。

3 本質観取と本質の概念

一切を「私が体験する」という場に持ち込み、そこでのみ考察すること。これが現象学的還元でした。もう一つの方法の柱が、「本質観取」または「形相的還元」です。本質観取（独 Wesenserschauung, 英 essential insight）という言葉は、現象＝意識体験から本質を〝取り出す〟感じがよく出ていますので、私はこちらの表現を好んで用いています[10]。

では、本質観取はどのようにして行われるのか、ということになりますが、フッサール自身の挙げている例はこのようなものです。――ある机についてのじっさいの具体的な知覚を、何かの事物についての知覚という点だけは保持しながら、想像によって任意に変えてみる。つまり形を変えてみたり、色を変えてみたりする。そうすると、さまざまに自由に変更を加えてもなお残る、事物知覚の「一般的類型」が獲得されてくる。これが、事物知覚の「形相」ないし「本質」である、と[11]。

整理すれば、具体的な事実としての体験→想像的自由変更を行う→あらゆるその種の体験すべてに必然的に伴う「一般的類型」としての本質を取り出す、ということになります。

なお『ブリタニカ草稿・第四草稿』では、この事物知覚の本質を「それなしには一個の事物の知覚が考えられないような、不変な構造体系」[12]ともいっています。つまり事物知覚と呼ばれる諸体験に単に共通しているだけでなく、それを欠くと事物知覚とは言えなくなるような、事物知覚体験の核心。これが事物知覚の本質だということになります。「エッセンス」という言葉には、枢要なものとか、核心という語感がありますが、体験の中からまさしくそれらの核心＝エッセンスを取り出すのが本質観取・本質記述なのです。

しかしこの本質観取の方法や、本質という概念に対しては、これまで多くの疑念が寄せられてきました。いくつか主要なものを挙げてみます。

１．本質などはない：永遠不変の本質などはなく、家族的な類似性があるだけだ（ウィトゲンシュタイン）。／永遠不変の本質とみなされているものは、じつは社会的な権力関係によって構築されたものにすぎない（社会構築主義）。

２．記述の不可能：現象学は、意識体験において一定の本質が現前しているとみなし、その本質を言葉でもってそのまま写し取ろうとする。しかしそもそも現前（現在）には過去や未来が入り込んでいるので「純粋な現前」などというものはない。さらに言葉で記述するということは、必ずもとの体験から「離れる」ことを意味する。だから、現象学の企図する本質記述は不可能である（デリダ）。

３．主観一般への到達は不可能：現象学は「孤独な自己反省」によって本質を記述するというが、なぜその記述が、どんな主観にも妥当するものになりうるのか？

---

［10］「本質観取」についてのフッサール自身による詳しい説明は、フッサール『経験と判断』§87以下を参照。
［11］前掲『デカルト的省察』§34、CM, S.72.
［12］前掲『ブリタニカ草稿・第四草稿』§４、Husserliana Bd. IX, S.284.

事物知覚の本質

ここでは、これらの批判に一つひとつ答えるかわりに、フッサールがじっさいにどのように本質観取を行っているかをみておくのがよいでしょう。事物知覚の本質についてフッサールが語っていることを整理してみると、次のようになります。

1．事物知覚の一種である視覚は、対象の「ありあり感」[13]を伴っている。すなわち、「対象そのもの」を見ていると感じ、対象の「像」を見ているとは感じない（『イデーンⅠ』§39）
2．しかしその体験を反省してみるなら、対象の前面が見えているだけで、背面は見えていないことがわかる。しかし私は、背面まで含めた「三次元立体」としての対象を知覚していると感じている（『イデーンⅠ』§41）
3．だから事物知覚は、事物についてのもっとも直接的な経験であるが、それにもかかわらずつねになんらかの「予期」（背面はこうなっているはずだ、など）を伴っている（同前）――以上の1～3は、先に述べた「思い描き」の構図です。
4．顕在的に意識されているのは当該の事物だが、同時にそのまわりの背景も潜在的に把握されている（『イデーンⅠ』§35）――これはメルロ＝ポンティのいう「地と図」の構図です。
5．〈知覚された事物は客観的世界の一部であり、だから、私以外のだれでもそこに居合わせれば、同じものを見ることができる〉という信憑が必ず伴っている（『ヨーロッパ諸学の危機と超越論的現象学』§47）

これらの記述を読んだ人は、自分自身の事物知覚の体験を思い出しながら、この記述が確かにそうなっているかどうかを、確かめることができます。そうしてみると、「本質などはない」「本質記述の不可能」という批判がありましたが、確かに本質記述が成り立っていることがわかります。さらに、「孤独な自己反省によって、なぜ主観一般に到達しうるのか」という疑問もありましたが、そもそも本質観取は、自己反省しつつ「これは自分だけでなく主観一般に当てはまるはずだ」と思われるものを取り出すことでした。他者たちはその記述を各自の体験に当てはめて吟味することができるため、本質記述は公共的に討論しうる次元をもつことになるのです。

「確かめあい」の必要

しかし、この個別的な意識体験から本質への移行について、フッサールはこういっています。――私の自我から「自我一般」への移行においては、他我たちは前提されていない。とりだされる本質は、あくまでも「私の自我の自己変更」のみによって規定されている、と[14]。つまり、自我一般（主観一般）に共通する構図は、自分のじっさいの体験をさまざまに想像しつつ変更すること（想像的自由変更）によってのみ得られるのであって、そのさいに他者の体験を顧慮する必要はない、というのです。

［13］原語は Leibhaftigkeit.『イデーン』の訳者渡邊二郎は「ありありと生身であること」と訳しています。よく雰囲気の出ている訳語ですが、私は簡単に「ありあり感」としています。

［14］前掲『デカルト的省察』§34、CM. S.74.

たしかに事物知覚や数学の認識などについては、自己反省のみによって自我一般に共通する本質に達することも可能でしょう。それらについては、どの人もほぼ同じような仕方で行っていることが想定できるからです。しかし、なつかしさや嫉妬のような「情緒」や、善や美のような「価値」について、どんな主観にも共通する本質を取りだそうとするさいには、自分の体験の反省だけでなく、自分の記述したものにほんとうに一般性があるかどうかを他の人々とのあいだで「確かめあう」ことが欠かせないでしょう。つまり、フッサールの方法を価値や情緒へも応用していくためには、「孤独な自己反省」のイメージを転換する必要が出てくると考えます。

しかしなぜ、フッサールは孤独な自己反省を強調して、確かめあいのイメージを出さなかったのでしょうか。それは、「私」が自分自身の体験を反省したうえで「確かにそうなっている」と認めることこそが反省的なエヴィデンス（明証性）であって、他者がどう語ったとしてもそれは私にとってはエヴィデンスにならない、と考えたからでしょう。

またフッサールは、同種の体験を自分のなかでさまざまに想像的に変更して、それらに共通する本質へと純化していけば、それは必ず他者の同種の体験とも合致するはずだ、と考えていたようです。

しかしそうだとすれば、自分の体験例とその自由な変更だけではなく、他者の語る同種の体験のエピソードも合わせて、それらすべてを具体例とみなし、それらに共通する本質をつかみだすことも可能なはずです。また、それぞれの行った本質記述を出しあいながら、より深くより一般性のある本質記述を形成していくことも可能でしょう。

もとより、「自分の体験を反省して内在的に確かめる」ということが反省的なエヴィデンスのカナメですから、「他者が言うから、〜であるにちがいない」というふうに他者の言葉にもとづいて「推論」することは現象学では許されません。この点はフッサールのいうとおりですが、しかし、他者のエピソードや他者の行った本質記述に触発されて、自分が気づいていなかった大切な論点に気づかされることもあるのです。「なるほど言われてみれば、確かに自分の体験もそうなっている」――複数でじっさいに具体例を出し合って本質観取を行っていくと、しばしばそういう気づきがあります。

互いのエピソードによって互いの気づきを触発しあうという点からも、本質記述をより深く一般的であるものに鍛えていくという点からも、本質観取のイメージを「相互の確かめあい」へと変えていくことが望ましいと私は考えます。

本質の「観点相関性」

さらに、先ほどの「本質などというのはそもそも存在しない」という批判についてあらためて取り上げてみましょう。この批判は、本質というものを「事物や事柄に内在する、あらかじめ決定ずみの永遠不変なもの」――プラトンの語るイデアのようなもの――とみなしたうえで、そうしたものの存在を認めたくない、というところからきています。永遠不変な絶対的なイデア的存在としての「真理」を否定したい、というのは、ウィトゲンシュタインだけでなく、デリダに代表されるフランスのポストモダンの哲学者たちが共通してもっているモチーフでした。「どこかに永遠かつ絶対の真理があり、それを写し取っている言説（言葉）がある」とすれば、その言説の前では人は問答無用で黙り込むしかなくなります。そうした〝真理による自由の抑圧〟を破壊したいという心情が、ポストモダンの哲学者たちには強くありました。

そしてこの見方からすれば、「現象学は、意識体験にあらかじめ内在している永遠不変なものとしての本質を直観し、それを記述によって鏡のように写し取ろうとするものである。これこそ〝真理の言説〟を作り出そうとする悪しき形而上学だ」ということになってしまいます。じっさいデリダによる現象学批判はきわめて強力で、一時期現象学はすっかり時代遅れのものとみなされてしまいました。

しかし、この「意識体験にあらかじめそれ自体として内在している本質」というイメージは、本質観取の作業においてじっさいに行われていることとはまったくちがいます。そもそも、「観点」ないし「問い」がなければ本質を取り出すことは不可能だからです。本質観取は「問い」によって導かれるのであり、その問いにふさわしい仕方で、どんな人の体験世界にも共通な構図を取りだそうとする努力なのです。

しかしこの「問いが本質に先行する」という論点について、フッサールはまったく語っていません。先ほどみた箇所（『デカルト的省察』§34）でも、じっさいの具体的な事物知覚に想像的な自由変更を行っていけば、どの事物知覚にも共通する本質がおのずと浮かび上がってくるように説明されていました。つまり、問いや観点などなくても本質観取が可能であるかのようでした。これでは、意識体験にあらかじめ内在している本質を取り出す、というイメージを強く抱かせてしまいます。

しかしじつは、フッサールの描く事物知覚の本質記述も、想像的自由変更によっておのずと導かれて出てくるようなものではありません。それは明らかに認識論的な関心、つまり「真偽の種類」や「真偽が決定される条件への問い」によって導かれているのです。

フッサールには、経験科学の真理性を、数学の真理性と対比しながら解明しようとする意図がありました。先にふれたように、経験科学はいかに真理とみえても永遠に「仮説」にとどまりますが、数学はいつでも・どこでも・だれにとっても同一な「普遍的」な真理を生み出します。フッサールはこの両者の「真理の種類のちがい」を解明するために、経験科学の基礎となっている「事物知覚」に注目したのです。

そうすると「事物知覚は対象の想起や想像ではなく、〝対象それ自体〟を見ているという感触を伴っているが、しかしそこには常に一定の予期（＝思い描き）が含み込まれている」という本質が取り出されます。これによって、事物や事実の知覚は経験科学の根拠（エヴィデンス）であるにもかかわらず、絶対のものではないことがわかります。対する数学は「いつでも・どこでも・だれが行っても」同一の結果が得られるように工夫された記号の体系であって、だからこそ普遍的な認識が得られるのです[15]。

また、「現実」を確かめるための意識作用は知覚であって、想像や幻覚ではありません。そこから、知覚と、想像や幻覚とのちがいはどこにあるか、を問うてみれば、「知覚には『ありあり感』が伴う」「知覚が幻覚ではなく現実知覚とされるためには、時間空間的に首尾一貫した客観的世界の信憑（世界信憑）と調和することが必要である」といった本質が取り出されることになります。――このように、事物や事実の「知覚」について、「現実がどうなっているかを確かめるものであり、だからこそ経験科学の基礎をなす」という観点からその本質を取り出そうとしたのが、フッサールの行った本質観取でした。

しかし、認識論的な問いだけが唯一可能な問いではありません。「知覚は世界をどのように〝分節〟しているのか」といった観点から、知覚の本質を考えることも可能です。その観点からは、ある人にとって

[15] このように、学問の対象領域とそこでの認識のあり方の「ちがい」に眼を向け、それぞれの学問領域の特質を明らかにすることは、「学問の基礎づけ」と呼ばれます。

は単なる「木」に包括されてしまうものを、いつも山に入っている人はさまざまな言葉で呼び分けている、という事実が浮かび上がってきます。そこから「知覚における世界の分節と、主体の関心との相関性」を問い、この観点からみた事物知覚の本質を描くことができます。じっさい、フッサールの弟子のハイデガーは、身の回りの事物は「目の前にごろんとあってさまざまな諸性質を備えているというあり方」（客体性）をしているのではなく、「何かの用途に用いられるというあり方」（用在性）をしている、と述べました（ハイデガー『存在と時間』§15）。これを「主体の関心による分節という観点からみた事物知覚の本質」と呼ぶことも可能でしょう。

病体験の本質記述

もう一度確認しておくなら、本質観取は、なんらかの体験や対象のなかにあらかじめ固定的な本質が存在していてそれを取り出す、というものではありません。問う者の問いの方向（ないし観点）に応じて、本質として記述されるべき内容は変わってきます。この点を一つの実例に即して確認しておきましょう。

救急医学の専門家である行岡哲男は、「病気の体験」の本質について、三つの契機を示しています。すなわち、①身体の不都合：できたことができなくなる、②不条理感：「なぜ私だけがこんな目に」「自分は役立たずになってしまった」という嘆き、③自己了解の変様の要請：それまでの自己了解つまり自分の生についての物語を、新たに作り替えることが必要とされてくる、の三つです[16]。

この三点の指摘は、医療が「身体の不都合」の是正、つまり治療のみにとどまってはならず、不条理感や自己了解の変様に対する支援が同時に必要であることをよく理解させるものです。つまりこの三点は

「支援はいかにあるべきか」という観点から取り出された、病気の本質といえます。

しかしまた、病気の体験といっても、急性疾患で死の危険にさらされる場合と、慢性の病とでは病気体験の質が大きくちがいますし、必要な支援も異なってきます。そうなると、具体的な支援の観点からは、急性の病気の本質と慢性の病気の本質とを分けて取り出すことが可能ですし、必要になってくるはずです。

このようにして、観点ないし問いにふさわしい仕方でいかにして共通点を取り出すか、という仕方で本質を考える必要があり、またそのように考えてはじめて、現象学の本質観取の方法は「必要かつ信頼しうる共通了解」を作り出すための方法として、大きな可能性を獲得すると考えます。そのさい同時に、その観点や問いじたいも、その意義や重要度について問われる必要があるでしょう。

第２節　本質観取をどう行うか――なつかしさの本質を実例として

では次に、じっさいにどのようにして本質観取を行ったらよいか、について、私がワークショップを行ってきたテーマのなかから「なつかしさの本質」を取り上げて説明していこうと思います。以下の内容は、これまでの結果を私なりに整理したものです。

［16］行岡哲男『医療とは何か』（河出ブックス、二〇一二）第一章、三八頁以下を参照。

1　課題設定と進め方

問題意識の確認（目標の設定）

まず、本質観取をするさいには、作業の目標を設定する必要があります。じっさいに作業を進めていくと、最初に立てた目標以上のことを考える必要が自覚されてくる、つまり目標じたいが深化していくこともよくあります。ですが、まずはさしあたりの目標を立てておきましょう。

まず最初に、テーマに関連した各人の問題意識（気になっていることや解明したいこと）を出し合ってみます。たとえば「正義の本質」というテーマでしたら、次のようなものがしばしば出てきます。「絶対の正義は存在しないのではないか（だから、正義の本質などというものも存在しないのではないか）」「でも自分たちは社会の一員として、何が正義かについての考えをもつ必要はある」等々。このような問題意識を互いに出し合って、それを整理しておくとよいでしょう。

これらの問題意識に対して、本質観取を行ったうえで最終的に納得のいく答えが出れば大成功ということになります。このように、問題意識を出し合うことで解明すべき目標が定まってきます。

では、「なつかしさの本質」の場合、どんなことが目標になるか。私（西）がわかりたいと思ったのは、「なつかしくなる」という体験のもつ独特な感触です。ただ「ほっこりする」というだけではなく、微妙に寂しさがまじっていることもあります。そこで、次のように目標を設定してみました[17]。

①なつかしさのもつ独特な質を、適切な言葉にしたい――独特な質の言語化

②なつかしさの感情は、どのようなときに生まれてくるか。なつかしさという感情が成り立つための「条件」を明らかにしたい。――なつかしさの成立条件

最終的には、「なつかしさ」という感情を深く理解できた、という納得感が自分たちのなかにやってくるかどうかが肝心です。これがやってくれば成功ということになるでしょう。

さて、取りかかるにあたって大切な点は、なつかしさの〝感触〟をよく思い出して浸ってみる、ということです。この感触の想起はとても大事です。自分の体験の感触に注意を集めて、それにふさわしい言葉を与えるということが、まさしく「体験反省的エヴィデンス」ということだからです。ですから、「なつかしいってこんな感じだよね」といきなり発言して始めるよりも、「なつかしくなった体験」を具体的に思い出したほうがよい。それを各自がエピソード（短い文章）にしてみるのもよいでしょう。

そして、現象（意識体験）からのみ言葉を引き出してくるのが現象学ですから、脳科学の知識やだれかの「ノスタルジア論」を読んだことがあったとしても、それらの知識はすべて遠ざけます。各人が自分のなつかしくなった体験を生き生きと想い起こして、そこから見て取れることのみを言葉にしていきます。

じっさいの手順

これまでワークショップでやってきたときには、「対象の特質」と「感情そのものの特質」の二つに分

［17］別の目標設定も可能です。山田圭二郎・西研「風景の人間的意味を考える――『なつかしさ』を手がかりに」（中村良夫／鳥越皓之／早稲田大学公共政策研究所編『風景とローカル・ガバナンス――春の小川はなぜ失われたのか』早稲田大学出版部、二〇一四）は、なつかしさの本質観取を通して、「風景」についての人間的意味を探ろうとしたものです。

けて行ってきました。体験に共通な特質にいきなり迫っていくのは難しいので、段階をつくってみたわけです。具体的には次のようになります。

①なつかしさを覚える対象や状況の例や、なつかしくなった体験のエピソードを挙げる

対象や状況を、ランダムに挙げていきます。見るとなつかしくなる物や場所、聴くとなつかしくなる音楽、また、思い出すとなつかしくなる過去の出来事などさまざまに思いつくでしょう。何かの「なつかしくなった体験」を具体的に思い出せるばあいには、それも書きとめておきます。

例：体育館。——大学の体育館でも、小中高の体育館でも、どこの体育館にいってもなつかしくなる。バスケゴール、マット、木目調の床を見ると、においや雰囲気含めていつもなつかしくなり、ウキウキした気分になれる。（大学生・男子）

なお、さまざまな種類の実例が挙がるのが好ましい。豊富な実例のなかから共通する特質を抽出していくほうが、発見が多いからです。ですから、一人でていねいに作業をやっていくことももちろん可能ですが、四〜六人くらいの小グループで共同作業をすると互いに触発しあって考えが深まることが多いです。互いの「なつかしくなった体験」のエピソードを語りあう楽しさもあります（「その感じわかる！」とか、逆に「なるほど、そういうなつかしさっていうのもあるね」とあらためて気づかされたり）。

グループで作業をするときには、大きめの付箋に単語やエピソードの題を書いておき、一人がそれについて話をしてまわりが質問をする、というやり方が便利です。

②なつかしさを覚える「対象」「状況」に共通する特質を探り、箇条書きで書いていく

例：子どものころ遊んでいたオモチャ

↓昔、自分が親しんでいたもの

共通する特質を探るとき、フッサールは「想像的自由変更」の方法を強調しましたが、多様な豊かな例が出てくれば、自由変更は必須とまではいえないと思います。

この点について、現象学的心理学をアメリカで推進してきたアメデオ・ジオルジは「想像的自由変更を君はやっているか？　これはやったほうがよい。とくに極端な例を想像してみるとよい」と私に話してくれました[18]。たしかに「極端な例を想像してみる」ことには発見的な価値があります。たとえば「過去と直接に結びついていないのに、なつかしくなる対象はあるか？」とか「好ましい体験でないのに、なつかしくなることはあるか？」というような問いかけが生まれてくるからです。このように自由変更は、体験のなかの条件をさまざまに動かすことで問いを発し、考えを深めるための有益な手段となります。

③次に、〝なつかしくなった体験そのもの〟の質感を、箇条書きで書いていく

例：ホッとする。胸が暖かくなる。

④以上の作業をもとにして、「なつかしさとは、……である」というかたちで、なつかしさの本質についてまとめた文章をつくる。最初に立てた目標も意識する

＊

[18] 二〇一〇年にシアトルで行われた「人間科学研究会議」（IHSRC: International Human Science Research Conference ――かつてデュケイン大学に集っていたジオルジさんたち心理学者が中心となって立ち上げた学会で、現象学を人間科学に応用しようとする研究者・実践家が集まる）の終了直後、サンフランシスコで、ジオルジさんの親友である現象学的心理学の吉田章宏さんが、私とジオルジさんを引き合わせてくださいました。お二人に感謝したいと思います。

およそ以上のような仕方で進行しますが、これらの作業をやっていくうちに、さまざまな疑問点が出てくるはずです。そのような疑問が出てきたら、忘れずに書きとめておきます。疑問について話し合うことで議論が深まっていくからです。

2 なつかしくなる対象や状況、その特質

対象や状況の実例

では、ワークショップの参加者が書いてくれた実例を、いくつか紹介してみます。

a 「高校生のときにつくったデザイン帳を見ると、とてもなつかしさを感じる。高校生のころデザインに一生懸命になっていた時期があり、デザイン帳をみると、その〝一生懸命やっていたこと〟を思い出す。それと同時に、いまはもうできないなあ、あのころには戻れないないなあと思う」。（大学生・女子）

b 「大学生のとき、ゼミの友達の男子も女子もいっしょに遊園地に行って、一日遊んだことがある。子どもみたいに夢中になって遊んだ。そのことを思い出すと、とてもなつかしい」。（教員・男子）

c 「小学校のそばを通り過ぎたとき、何年も見ていなかった校庭や建物が目に入った。とてもなつかしい気持ちがした」。（大学生・男子）

d「なつかしさを感じる対象：夏休みに食べたアイス、冬の昼、公園、夕立ち、プールのにおい、かげ鬼。共通する特質は、小学生のとき楽しかったこと」。（大学生・男子）

これらに共通する特質

共通する特質としては、次のようなことが挙げられます。

①**ここでのすべての対象・状況が「過去」に関係している。**

時間の経過（これらの物事が過ぎ去ってしまったこと）が意識されています。昔からの友達でも、よく会っているとなつかしくはならないように、「過ぎ去った」ということは、なつかしさを覚えるために必要な条件でもあります。また、自分が経験していないのになんとなくなつかしさを感じさせる対象もありますが（例：田舎の風景の写真）、そこにも「過去的」な感覚があるとはいえそうです。

②**デザイン帳や、小学校や、プールのにおいなどは、過去の体験を想起させるきっかけ（トリガー）になっている。**

ある対象がきっかけとなって、過去のその時期の経験が次々に連想されていくことがよくあります。つまりその対象だけがなつかしいのではなく、かつてすごした「時期」になつかしいという気持ちが向かっていることがわかります。

③**これらの対象・状況は、「心地よい肯定的な感覚」を伴っている。思い出したとたんにいやな気分になる対象に対しては、なつかしさは感じない。**

この「肯定的な感覚」にはいくつかの種類がありそうです。話し合ったうえで、それぞれの特質にぴったりくる言葉を考えてみました。

実例a「デザイン帳」からは、一生懸命に情熱的に関わったこと――**〈情熱的集中〉**

実例b「遊園地で遊んだこと」からは、特別に楽しかったこと、また仲間との心地よい関係性――**〈非日常的なほどの高揚感〉〈心地よい関係性〉**

実例c「ひさしぶりに見た小学校」からは、かつて親しんでいた物、場所、人――**〈親密性〉**

このように、特質をいくつかへと分類（ジャンル分け）できることがあります。そのさいには、その質の違いをそれにふさわしい適切な言葉にしてみてください。

【疑問1】いやな体験を、なつかしむことができるのはなぜ？

この作業をしているなかで、次のような疑問が出てきました。「いやな体験を思い出したとき、ふつう人はなつかしくなれない。しかし若いときの大変だった体験を思い出して語るとき、ときになつかしそうに語る人がいる。なぜだろうか？」

話し合って出てきた解答は以下のようなものです。――苦しかった経験でも、いまではそれを何かの点で肯定できているにちがいない。いま思い出してもその瞬間に嫌悪を感じるようなことについては、なつかしくはなれないはずだからだ。では、かつての苦しかった経験の「何を」肯定しているのだろうか？

話し合って出てきた解答：たとえば「困難な状況に全力でぶつかっていたときの一生懸命さ」をふりかえって肯定している、ということがあるかもしれない。何事かに集中し立ち向かっているということ〈情熱的集中）は、苦しいだけでなく、生きているという実感を与えるものだからだ。また、もう二度とやりたくないと思っていたこと（例：高校の剣道部の部活は苦しく、吐きそうになりながら耐えた）であっても、いまの時点では「そこから学ぶことがあった」と思えれば、つまり、現時点に役立つものとして肯定できていれば、やはりなつかしむことができるのだろう。

3　なつかしさという「感情そのもの」の特質

次に、なつかしいという感情はどんな特質をもつか、について話し合ってみました。

ある女子学生はこう書いています。「なつかしさという感情の質にはかなりの幅がある。ほっとしたり安心したりすることもあるが、キュンとなってせつなくなることもある。今の自分の状況と比べて、昔のほうがよかったなあとか今のほうがいいなあって考える」。

多くの人がまず挙げるのは、「ホッとする安心感」「落ち着く」「胸が暖かくなる感じ」などです。緊張とは反対の〝ゆるむ〟感じの快であり、安堵感がある。――この面を、さしあたり**〈ホッとする安堵感〉**と名づけておくことにします。

それとは反対に、「私はいたたまれなくなって、もうどうしたらよいかわからなくなるんです」と語る人（大学生・女子）もいました。私が「なぜそんなふうに感じるの？」と尋ねてみると、彼女は「いまの自分は何やってるんだろうって思うんです」と言います。高校時代に夢中になって部活をやっていたときの輝いていた自分からすると、学生になって目標を見失っている自分が貧しい、つまらないものに見えてくる。そんなことを語ってくれました。

このように、なつかしさを覚えるとともに、「ドキドキ」したり「焦燥感」を感じたり、「いたたまれなく」なったりすることがあります。ゆるむというより、緊張してきます。ときには「寂しく」なったり、「胸が痛くなるような悲しみ」を覚えることさえあります。――この面を、さしあたって**〈いたたまれなくなる、寂しい〉**という言葉で呼んでおくことにします。

でもなぜ、なつかしさと呼ばれる感情のなかに、〈ホッとする安堵感〉と、それとは正反対ともいえそうな〈いたたまれなくなる、寂しい〉という二つの感覚が見いだされるのでしょうか？　この問題を考えるためには、なつかしさという感情をさらに掘り下げてみる必要が出てきます。


【疑問2】〈ホッとする安堵感〉はどこからくるるか？


安堵感、ホッとする感覚は、なぜ生まれてくるのでしょうか。あらためて実例に戻って考えてみます。

実例cは「小学校のそばを通り過ぎたとき、何年も見ていなかった校庭や建物が目に入った」というものでした。「かつて親しんでいた小学校の校庭や建物」をひさしぶりに眺める。これは「子どものころよく遊んでいたオモチャ」をひさしぶりに見つけたときや、旧友とのひさしぶりの再会のときに感じるなつかしさと似ているでしょう。

そこには、かつて親しんでいた物・場所・人との再会があり、緊張感やよそよさしさではない「親密感」がある。〈ホッとする安堵感〉が生まれてくるのは、これらと再会することで、かつて自分が身の回りの世界に対して抱いていた親密感が蘇ってくるから、ということがいえそうです。

では、実例ａ「デザイン帳」やｂ「男女いっしょに遊んだ遊園地」の場合はどうでしょうか。かつての集中・高揚した体験をなつかしく思い出すことのなかにも、やはりホッとする安堵の感覚があるようです。だとすれば、「かつて抱いていた親密感が蘇る」という説明だけでは足りないことになります。

実例ａでは、高校生のころ毎日スケッチブックに向かってデザインしていた、その「一生懸命さ」（情熱的集中）を思い出している。あの日々は素晴らしかったなあ、キラキラしていたなあ、と思う。そこには、かつての時と場所を思い出してそこに思わず惹きつけられる、つまりそこに〝戻ろう〟とする心の動きがあり、同時に、この経験を〝あらためて肯定しようとする〟心の動きが含まれています。

この、かつての経験に〝戻りながら肯定する〟心の動きは、新たな出来事と出会って興奮するのとはちがって、「再会＝ふたたびめぐりあう」ともいうべき感覚を伴っています。だからこそ、旧友とひさしぶりに会ったときのように、再会できたうれしさと、自分がもといた場所に戻ってきたような安堵感とが生まれてくるのでしょう。そしてときには、この過去の素晴らしかった高揚体験を味わい直し、自分の宝物の一つのように〝慈しむ〟こともあるかもしれません。

まとめてみます：〈ホッとする安堵感〉は、かつての親密な物や場所を想起するときだけでなく、過去の生き生きした集中感・高揚感の経験を想起するときにも生まれる。それは、過去の経験に再会して、それに〝思わず引きつけられて戻っていこう〟としながら、あらためて〝あのときはよかったなあと肯定する〟さいの、うれしさや親密感から生まれる。

【疑問3】〈いたたまれなさ、寂しさ〉はどこからくるか？

次に、〈いたたまれなさ、寂しさ〉について考えてみましょう。

実例a「デザイン帳」の話には、「よかったなあ、あのころ」という思いとともに、「いまはもうできないなあ、あのころには戻れないなあと思う」とありました。いまはいまの生活があってそれはそれでいいのかもしれない。でも、あのころみたいに無心にとことん集中するような生き方はもうできないなあ、と思う。でも、いまよりも、昔のほうが少しキラキラしていたようにも感じられる。——つまりそこには、わずかな〝喪失感と憧れ〟とが含まれています。

実例bでは、男女いっしょになって遊園地で子どもみたいに遊んだ、そのときの生き生きした高揚感を思い出しています。そのさいには、その思い出を〝慈しむ〟場合もあるでしょうが、いまはもう失ってしまったものとして〝喪失感と憧れ〟を強く感じる場合もあるかもしれません。

また、実例cの小学校のように、「過去の親密な物・場所・人」を思い出す場合でも、いまの自分が安心できる親密な人間関係を欠いているとすれば、強い憧れと喪失感とを抱くこともあるでしょう。

このように考えてくると、〈ホッとする安堵感〉と〈いたたまれなさ、寂しさ〉とが、なつかしさのなかに同居する理由がわかってきます。なつかしむという感情のなかには、「あのころはよかった」という過去への肯定と親和感だけでなく、「もう戻れない」という喪失感が混じっているのです。後者の思いが強くなると、寂しさの成分が多くなる。とくに、「いまの自分は生き生きしていない、あんなにもあのときは生き生きしていたのに」と思えるときには、ときにいたたまれないほどの焦燥感——「このままでいいのか私は」という焦りや、「もう決してあそこには帰れないのだ」という悲しみや、焼けつくような憧憬を感じることもあるでしょう。

いとおしさと喪失感との共存

これまでの考察をまとめてみます。

「なつかしむ」という行為のなかには、「過去の親密な物や場所、また、過去の集中感・高揚感を感じさせる生き生きした経験」に対して、それらを肯定する「慈しみ」や「いとおしさ」の眼差しで眺めている場合と、もう二度と戻ってこないという「喪失感」でもって眺める場合の、二つの極を想定することができます。そして、たいていのなつかしさ体験は、この両極のあいだに位置していると考えることができそうです。つまり、なつかしさとは、肯定する慈しみ・いとおしさの感覚と、もう戻ってこないという喪失感とがミックスされた感情なのです。そこに、なつかしさという感情のもつ独特の情緒と味わいがあるのでしょう。

〈肯定する慈しみ〉　――――――――　〈喪失感と深い悲しみ〉

ホッとする安堵感　　　　　　　　　いたたまれなさ、寂しさ

4　なつかしさの本質のまとめ

まとめの文章をつくる

さて、最初に掲げた目標は、①なつかしさという感情のもつ「独特な質」を言葉にすることと、②なつかしさが成り立つための「条件」を明らかにすることでした。この二つの目標はほぼ達成されたと考えられますから[19]、最後に、なつかしさの本質をまとめた文章をつくってみます。なるべく簡潔で要を得た表現を心がけます。以下は、西の作文です。

〈なつかしさとは、自分にとって肯定的な特質（親密性、集中感、高揚感など）をもつ過去の物事や体験を思い出し、そこに〝引きつけられる〟感情である。引きつけられる、といっても、これから起こりそうな楽しい出来事にわくわくしながら引きつけられる「ロマン的憧憬」とはちがい、かつての親しかった物事や楽しかった時に〝戻っていこうとする〟心の動きであり、それらとの再会を悦ぶ感情といえる。

そのさい、過去の物事や経験を〝慈しみつつ〟味わい直そうとしたり、それらを〝憧れ〟の気持ちで見つめることもある。そこでの感覚は〝ホッとした安堵感〟や〝うれしさ〟のようなリラックスした快が基調となっているが、〝喪失感〟や〝寂しさ〟の感情が入り込んでいることもある。

なぜなら、なつかしさには、もう戻ることができないという意味での「現在と過去との断絶」の意識が伴っているからである。だからそこにはしばしば、悦びと同時に、寂しさや悲しみが混じり合う。なつかしさという感情の独特な質は、過去と再会するときの「心が現在を抜け出てそこに引きつけられる」感覚や「ホッとした安堵感やうれしさ」とともに、しばしば悦びと寂しさが入り混じる点にある。〉[20]

本質観取のワークショップの意義

ワークショップで各人のエピソードを語り合っていくと、他者の独自な人生とその感じ方とをかいま見てそれを新鮮に感じながら、同時に自分の体験と深く共通するものがあることを感じます。それぞれの人の経験の独自性と深い共通性とをともに実感できること、そこに本質観取の意義があります。そしてそれは、まちがいなく「うれしい」ことなのです。初めての人たちが出会うワークショップでも、とちゅうから皆がニコニコしてきて、終わるとすっかり仲良くなっていることがよくあります。

また本質観取のワークショップを未経験者と行うときには、とくにこの「なつかしさ」というテーマは適していると私は感じてきました。なぜなら、自由や正義といった複雑なテーマとちがって、具体的な経験を思い起こしつつそこから本質を取り出すことが比較的やりやすいからです。皆さんにも、何人かでこ

[19] ここで言及しなかった論点が二つあります。過去の「特定の」時期を指示するのではなく、漠然と時の経過を感じさせる「なつかしさ」がある。また、そもそも過去とは無関係なのに「なつかしさ」を感じさせる対象がある。後者については「劇場のぶ厚い緞帳（どんちょう）の吸い込まれるような感じ」や「重低音の反復」を指摘する人がいました。これをどう理解すればよいか、読者も考えてみてください。

[20] ちなみに、nostalgia を英語の辞書で引いてみると、「過去の幸福な時を思うときの、悦びと愛が混ざった悲しみの感情」となっていました（Oxford Advanced Learner's Dictionary 7th edition）。私の描いた「なつかしさのまとめ」ともよく重なっています。

の「なつかしさ」の本質観取を試みていただきたいと思います。

そして、私が最後に作文した「なつかしさの本質」の内容ですが、これはまったくのマチガイということはないと思いますが——多くの人たちがその点には賛同してくれるでしょう——よりふさわしい表現へと改善することはできるでしょうし、付け加えるべき点が見つかるかもしれません。本質観取の記述はそのようにして、各人の確かめとさらなる改善へと開かれているのです。

さまざまなテーマで本質観取を行うときの注意点

私はこれまでワークショップで、なつかしさや嫉妬のような「情緒」の本質や、正義や自由や美のような「価値」の本質、また、科学や教育のような「社会的営み」の本質をテーマとして取り上げてきました。これらの本質観取を行うときの注意点を、ここであらためて述べておきます。

①問題意識を出し合うこと

まずはそれぞれのテーマに関連して、気になっていることや解明したいことを出し合うことが大切です。そこから目標を設定できるからです。

②特定の思想・理想・信念・学説を脇においておくこと

これらを持ち出すと、意見の対立に陥って探究はストップしてしまいます。特定の思想や学説を脇に置いて、各自の具体的な体験に戻って考えることが、まさしく「現象学的還元」でした。とくに正義の本質を探究する場合には、正義についての特定の立場（左翼／リベラル／コミュニタリアン／ナショナリストなど）がぶつかれば収拾不可能になります。そうならないように、各人は「どんなときに正義を感じるか」

「どんなときに不正を感じるか」というように、きわめて具体的に各自の体験を出し合うところから共通本質を探っていく必要があります[21]。

③議論のなかで浮かんでくる疑問を拾い、話し合うこと

なつかしさの本質のときに、疑問についての話し合いが、考察を深めるうえで非常に大きな役割を果たしていることがわかったと思います。

④そのつどの答えが各人の意識体験からきちんと見て取れるかどうかをたえず検証しながら進めていくこと

別の言い方をすれば、現象学は「仮説」を立てない思考法なのです。たとえば「あらゆる欲望は、胎内回帰的な願望が姿を変えたものである」というような「根本仮説」を立てない。そのような仮説は必ず理論的な対立に陥るからです。もし何か仮説を立てたくなったとしても、それがあくまでも仮説であるという自覚をもつことが必要です。体験からはっきり見て取れることと、仮説とを区別しなくてはいけません。

⑤探究を進めるなかで、そのテーマについてどんなやり方が効果的かを考えること

テーマの性格によって、アプローチの方法は変わってきます。なつかしさでは「対象」と「感情そのもの」に分けて議論しましたが、同じやり方がすべての場合にあてはまるわけではありません。やりながら「こうやってみるのがよいのではないか」というふうに工夫しながらやっていくとよいでしょう。

---

[21] 正義や教育の本質を考えるときには、「社会」が各人にとってどのような意味をもつものとしてあるか、ということ、つまり「社会の本質」を考察することが必須です。社会の本質観取については、西研『哲学の練習問題』（河出文庫、二〇一二）、二一一－二一八頁、正義の本質については、同書二一九－二四七頁を参照してください。

5　本質観取とエヴィデンス

さて続いて、このような本質観取のワークショップにおける「エヴィデンス」をどのように考えればよいか、という問題をあらためて考えておきましょう。

もともとフッサールが想定した本質観取は、自分のある種の具体的な体験（たとえば事物知覚）をみずからさまざまに想像的に変更し、それでも残る共通なものを、いいかえれば「その体験が事物知覚といえるために不可欠な条件」を取りだそうとするものでした。そのようにして得られた本質観取の命題（本質記述）の正しさを保証するエヴィデンスつまり「証拠」は、私がじっさいに想像変更してみるとそうした特質があることは疑えない、という「体験反省的エヴィデンス」によって支えられているのでした。

しかし、ここで行った「なつかしさ」の本質観取では、自分の体験の想像変更ではなく、さまざまな他者たちの事例やエピソードをもとにして、そこから本質記述の命題が引き出されています。そこでのエヴィデンスはどういうことになるのでしょうか。

他者のエピソードがエヴィデンスとして働くのはなぜ？

まず、なつかしさの本質の「まとめ」についていえば、それは「本質記述」ですから、各人が自分自身のなつかしさ体験を想起し、その基本的な構造をこの文章がよく表現しているかどうか、を確かめることになります。つまり本質記述を読む人のなかでの「反省的エヴィデンス」が、最終的には本質記述の正しさを確かめる根拠であり、同時に、本質記述をよりよいものへ改善するための土台にもなるわけです。

しかし、まとめていくさいに他者たちの体験の事例をもとに考察を進めていったことも確かです。つまり他者たちの言葉は、本質観取を進めていくさいにやはり一種の「証拠・データ」（エヴィデンス）として働いていたことになります。では、この他者たちの言葉のもつ「エヴィデンス性」をどのように考えればよいのでしょうか。

まず、他者たちも、他者たちの言葉の読み手である「私」も、「なつかしさ体験のもつ本質的な、自他に共通する構造を取りだす」という同じ目的を共有しています。そのうえで、他者たちは事例やエピソードを提出しているという大前提があります。

その前提のうえで、読み手である「私」は、他者たちの挙げる事例やエピソードを聴いたり読んだりするのですが、読みながら私は、それぞれのエピソードの語り手の立場を、いつのまにか自分自身に重ねているはずです。〈デザイン帳を見ると、高校生時代にデザインに打ち込んでいたそのときの記憶が思い出されて、とてもなつかしくなる。「あのときがんばっていたなあ、いまはもうあそこまではできないなあ」と思う。〉この言葉を〝あたかも自分自身の体験であるかのように〟たどりながら、「この気持ちはよくわかるなあ」と思うのです。そのとき「私」は、このエピソードに触発されて自分自身のこれまでの似たような体験を暗々裏に想い起こしており、だからこそエピソードの言葉にリアリティを感じているのでしょう。つまり、自分自身の体験の想起によって確かめる、という「反省的エヴィデンス」が、じつはここでも働いているのです。

このように、他者の言葉を〝あたかも自分自身の体験であるかのように〟みなすことは、フッサールのいう「想像変更」に近いといえます。自分が体験することが可能なものの一つとして他者のエピソードを読み、確かにそれが可能だと思えるときに、私たちはそれにリアリティ〔22〕を付与するのです。そしてこの「リアリティ」の内実は、じつは、私自身の体験の暗々裏の想起にもとづく「反省的エヴィデンス」だといえます。

ですから、私がだれかのエピソードを読みながら、「これはなつかしい、というのとは違うな」「これはいかにも作為的だ」というような違和感をもつならば、それは本質観取を進めるうえでのエヴィデンスとしては使えないことになります。また、エピソードが現実のものではなく、小説のなかのものであったとしても、それが読み手に強いリアリティを感じさせるならば、本質観取の材料つまりエヴィデンスとして使うこともできるでしょう。

一言でまとめるならば、他者のエピソードは、私のなかの反省的エヴィデンスに支えられることによってこそ、本質観取を行うためのエヴィデンス（証拠・材料）として機能する、ということになります。

他者の言葉を理解できないとき

しかしまた、他者の挙げるエピソードを自分がすぐに理解できないからといって、それをただちに否定してよい、ということにはなりません。もし相手が目の前にいるならば、わからないところを詳しく尋ねてみることもできます。たとえば「なつかしさを感じる対象」として「重低音の反復」を挙げた人がいましたが、その人がウソをいっているとは思えない。そのとき、「どんな感じですか？」と尋ねると、重低音が反復されると「酩酊した感じ」や「吸い込まれそうな感じ」がしてなつかしい、と答えてくれました。

自分としては重低音の反復になつかしさを感じないとしても、他者のより詳しい言葉を手がかりにすることで、他者の体験に肉薄しようとすることはできます。そしてそこから「なつかしさ」について示唆されることが出てくるかもしれません。そのようにして、他者の言葉を自分自身の体験と照らし合わせながら、了解しようとつとめる。体験のちがいもまた――もし当人がその場にいれば――言葉を使って了解可能なところに持ち込めないか努力する。このようにして語り手の言葉は、たえず聴き手や読み手の「体験反省的エヴィデンス」と照らし合わせられ、それが本質観取のエヴィデンス（データ）たりうるかどうかが確かめられているといえます。

「はじめに」で述べたように、人間科学の質的研究では、しばしば他者の発した言葉や書いた言葉を――他者自身の心を映しだしているものとして――エヴィデンスとみなし、それに一定の分析（だれでも同じことができるはずの分析）を加えることで、そこから一般的な構造を取りだそうとする姿勢の研究が多くあります。そこには、「元データ」の分析という手法によって「科学性」を担保しようとする姿勢があります。

しかし他者の言葉は、素朴に他者自身の心を写し出しているデータではありません。他者の言葉をエヴィデンスとするのは、最終的には聴き手や読み手のなかの反省的エヴィデンスである、ということをよく理解する必要があります。この問題については、次節でさらに掘り下げていきます。

〔22〕この種のリアリティのことを、精神医学の木村敏は「自分のなかのなまなましく生き生きとした何か」という意味で「アクチュアリティ」と呼んでいます。木村敏『臨床哲学の知――臨床としての精神病理学のために』（洋泉社、二〇〇八）、二四頁以下。

第3節　本質観取と人間科学

1　本質観取から本質学へ

“学問の危機”と本質学

本質観取の方法によって、なつかしさや嫉妬のような「情緒」の本質を取り出せることを示してきましたが、ここで、この方法のもつ広がりと意義について、フッサールにいったん立ち戻って確認しておきたいと思います。

フッサールは、本質観取によって拓かれる新たな種類の学問のことを「本質学」と名づけましたが、それはもともと「ヨーロッパの学問の危機」を解決するために提案された、という経緯があります。

ルネサンス以来、ヨーロッパ人が共有してきた「学問の理念」がある、とフッサールはいいます。それは、〈理性的な議論と洞察によって共有しうる知をつくりだし、それによって一人ひとりの生き方や、自分たちの自然環境や社会環境をよりよいものにつくりあげていこう〉というものでした[23]。しかし、第一次大戦は科学技術による大量殺戮を引き起こし、「理性の力」に対する深い疑いをヨーロッパの人々にもたらすことになりました。

〈はたしてわれわれは理性を信頼してよいのか？　われわれは未来を理性によって形作っていくことが

できるのか？」――このような根本の疑問に対して、いまの学問は答えようとしない。現在真の学問とみなされているのは、実証的・経験的な学問、つまり「世界が事実としてどうなっているか」についてだけ語る「事実学」であって、それは理性や価値について学問的に語るのは不可能だとみなす。だからこそ、学問に対する敵意が若者たちのなかに生まれてきているのだ〉とフッサールはいいます[24]。じっさい、当時のドイツの多くの若者たちが、こうした時代の空気のなかで、学問ではなくナチスへと魅惑されていったのです。

このような時代からずいぶん時間がたちましたが、しかし現在も、フッサールが述べた学問の危機は本質的には解決されていません。

たとえば正義の本質への問いは「事実として、これまでのさまざまな社会においてどういうことが正義とみなされてきたか」という問いとはちがいます。もちろん、そのような歴史的・社会的な問いは非常に有意義なものです。しかしそれが有意義なのは、その問いが、「社会をなして生きている私たちは、いかなることを、社会のなかで守られ実現されるべき枢要なこと（社会正義）とみなせばよいか」という価値の問いと結びついているからでしょう。

しかし、実証科学的な学問こそが唯一の学問であるとする立場からは、そもそも価値の問いは事実の問いでないから――実験や観察の記録や歴史的な文書などをエヴィデンスとすることによっては答えること

［23］フッサール『ヨーロッパ諸学の危機と超越論的現象学』（以下『危機』と表記）（一九三六）、§3、Husserliana Bd. VI. S.6.
［24］前掲、フッサール『危機』§2、Husserliana Bd. VI. S.4.

ができないから――結局はさまざまな主観的で相対的な答えしかありえない、ということになってしまいます。正義や美についての「各人の主張」「それぞれの価値観」を聞くことはできるとしても、皆が共有しうる答えをつくりだすことは不可能である、という学問に対する一種のニヒリズムが生まれます。このニヒリズムのことを、フッサールは「学問の危機」と呼んだのでした。

では、本質観取によって拓かれる本質学は、このようなニヒリズムに対抗してどういうことができるか[25]。私は大きく二つの方向を考えることができると思います。一つは、「共有しうる理念」を育てることであり、もう一つは「体験世界の理論」を育てることです。

「共有しうる理念」を育てる

たとえば教育において、そのつどの状況によって変わりうるし、また変わらなくてはならないこともあるでしょう。しかしそれとは別に、そのつどの状況に左右されない教育の根本的な目標（教育の理念）を考えあい共有することも、可能かもしれません。

親たちは日々子どもを世話し学校に通わせていますし、教員たちも生徒を目の前にして「これだけは教えておきたい」と思いながら授業をする。そうした実践のなかには、子どもに「社会の一員」としてふさわしい人になってもらいたい、また、一人の人間としても「幸せな人生」をおくってもらいたい、という思いがあるでしょう。そのような思いはおそらくどんな親や教員にも共通するものでしょう。

そこからは〈社会の一員としてふさわしい、とはどういうことなのか。また、一人の人間の生としての幸せとはどういうことであり、それを可能にするための条件は何なのか〉という問いが出てきます（さらに「子どもの発達」についても考慮しなくてはならないでしょう）。

　この問いを特定の教育理念から一方的に決めるのではなく、ふだんの親としての実践や教員としての実践——つまり「教育という体験」——のなかにもともと含まれているものをよく見つめながら、共有しうるものをていねいに取り出していく。そうするならば、「教育が目標とすべきもの」についての共有理念を育てていくことができるはずです。さらに、その目標を実現するためにはどのような手段が必要かをさらに考えねばなりませんが、その手段には状況によって変えたほうがよいことも含まれるでしょう[26]。

　その他の支援、たとえば保育や看護や介護の営みにおいても、何が「目標」とされるべきか、そのために「どういうこと」をすればよいのか、ということを、単なるタテマエとしてではなく、支援する人たち自身の具体的な実践と思い（また支援される人の思い）のなかから取り出していくことができるはずです。鯨岡峻さんの提唱する「エピソード記述」はまさしくこれに資するものだと私は考えています。

　このように、さまざまな特定の理念を脇において、いったん各人の具体的な体験と思いに戻り、それらのなかに通底するものを尋ねあいながら「共有しうる理念」を育てていく。そのような営みを、本質観取は生み出すことができるはずです。

［25］フッサール自身は、一見多様に見える「真」や「善」や「美」の判断のなかに、どんな人にも共通な、理性的な働きを見てとろうと企図していました。そうすることで理性に対する信頼を取り戻そうと考えたのです。前掲『危機』§３、Husserliana Bd. VI, S.7.
［26］教育の本質について興味のある方は、私も参加している「教哲研（教育を哲学する研究会）ホームページ」（http://kyotetsuken.net/）を参照してみてください。

「体験世界の理論」を育てる

以上が、本質学の一つの焦点であるとすれば、もう一つの焦点は「人間の体験世界の理論」です。なつかしさの本質で試みたように、互いの体験を出し合うことによって、ある種の体験のもつ共通な構図を確認していくことができますが、それを、より一般的な「体験世界の理論」（人間論）へと育てていくことができるはずです。このことを「なつかしさ」を例にとって考えてみます。

人が「なつかしい」という情緒をもつということは、人が「時間を生きる存在」であるということに関わっています。もし過去や未来をもたず、もっぱら「いま・ここ」を生きているならば、ノスタルジアも、未来に向かってわくわくするロマン的憧憬も生まれてこないでしょう。

人間は、言葉をもつことによって「いまここ」を離脱しうる存在となりました。「いまここにないもの」をまったくの空想として思い描くことが人にはできます。さらに、これまで生きてきた過去を一つのストーリー（物語）として整理しながら、これからの未来を思い描きつつ、人は生きていきます。このような「時間の物語をつくりつつ生きる」という生のあり方は、言葉をもつ人間にのみ可能なことだと考えられます。

このことは、「言葉をもつことによって、人間の欲望は動物とどのように異なるものとなったか」という問いを導きます。もちろん、人の基礎的な欲望は高等類人猿と相当程度に共通しているでしょうが、それが、言葉をもち・時を生きるようになり・想像力の世界をもつことによって、どのように変容することになったのかを問うことができるはずです[27]。

このように、どのような種類の体験の本質観取を行っても、それは「人間の体験世界の一般理論」へと通じていくことになるでしょう。

ハイデガーの「体験世界の理論」――存在可能性と人生のストーリー

ちなみに、本質観取を人間の「体験世界の理論」(人間論)へと応用しようとしたフッサールの弟子のなかでも、やはり最大の業績を挙げたのはハイデガーです。彼の人間論の骨子を簡潔に紹介しておきましょう。

①人の体験世界の核心をなすのは、その人のめがける「存在可能性」である

存在可能性とは「～でありたい・ありうる」、もっと簡単にいえば「したい」かつ「できる」ということです。人が「～でありたい」と願う(欲望する)だけでなく、同時にそれが実際にも可能である(能力・資源・機会をもつ)と思えているときに、人はそれを「めがけて」生きることができます。たとえば「本質観取の意義を人々に広めたい、そしてそれは可能であるはずだ」と私は思っていて、それは私のめがける「存在可能性」の一つです。

明確な存在可能性があり、そこに向かって生きようとするエネルギーが満ちているとき、人はきわめて元気ですが、存在可能性がハッキリしなくなれば元気がなくなり、体験世界もその意味を失って〝真っ

---

[27] 言葉の働きが人間の生をどのようなものにしたか、という論点については、前掲、西研『哲学の練習問題』一一一－一一七頁、また、西研『これが哲学！』(河出文庫、二〇一〇)三一五－三二六頁を参照してください。

暗〟になったり〝薄ぼんやり〟したりします。ですから、自分自身の存在可能性を配慮すること（それが失われないように配慮したり、それをあらためて明確化しようとする、など）は、人にとってきわめて重要な関心事となります。このように人は、自身の存在可能性をつねに気にかける存在なのです。

このようにみるとき、「病気」ということのもつ体験的な意味もハッキリとしてきます。病気は直接に肉体の苦しみ（痛みなど）を与えるだけでなく、これまで「できた」ことを「できなく」させる。そのことによって、その人のめがける存在可能性を危うくさせるのです。

②人の存在可能性は、「これまで…して生きてきた私は、これから〜しようとして（＝可能性）、いま—している」という時間的なストーリーのかたちをとっている

人の存在可能性は、腹を満たしたいというような肉体的な欲望ばかりではありません。自分のめがける重要な存在可能性を、人は言葉を用いて時間的なストーリー（物語）のかたちをつくることで、了解しています。そして、こうした人生の物語を自分に言い聞かせたり、他人にも話して理解してもらおうとしたりするのです。

深刻な病気は、こうした人生のストーリーを破壊してしまいます。すると、どのように生きるかを人はあらためて考えざるをえなくなる。つまり「存在可能性を含んだ人生のストーリーをどのように再構築するか」という課題がやってきます。病気を支援するということには、このような人生のストーリーの再構築の支援が含まれてくることは、第1節で述べたとおりです。

ハイデガーの人間論は、人の体験世界を、その人のめがける欲望と時間的なストーリーとによって理解しようとする点で、ひじょうに優れています。パトリシア・ベナーのような人が看護学をこの人間論にもとづいて構築しようとしたのもわかります。患者さんの体験世界を理解するときに、その患者さんが何を求めているのか、どこを守ろうとしているのか、だからこそ何に苦しんでいるのかを知ることが大切だからです[28]。

しかしまた、ハイデガーの人間論に足りないことを指摘することもできます。一つには、人のめがける「存在可能性」という言葉がいわばブラックボックスになってしまっていて、「人はそもそもどういうことを欲するのか」、つまり人の欲望は「何を」めがけるのか、については一切語られていないことです。

そこを問題にするならば、哲学者のヘーゲルが語った「承認」ということが重要な論点になってくるでしょう。他者からの愛情を求める「愛情的承認」と、自分がよい仕事をなすことで集団や社会からの高い評価を得ようとする「評価的承認」とは、人の求める存在可能性としてきわめて重要なものだからです[29]。また、善や美という価値が人の発達のなかでどのようにして成り立つのか、という問題も、体験世界の理解としてはとても重要な課題です。これらについても、本質観取を積み重ねるなかで理論化していくことができるはずです。

[28] ハイデガーの人間論のより詳しい紹介としては、前掲、西研『これが哲学！』、二七八－三一三頁を参照してください。またベナーの看護論は、ベナー／ルーベル『現象学的人間論と看護』（難波卓志訳、医学書院、一九九九：原著は一九八九）。

[29] 小浜逸郎『方法としての子ども』（ポット出版、二〇〇六：原著は大和書房より一九八七）はこの二種類の承認関係のちがいを鋭く究明しています。また、山竹伸二は「愛情的承認」と「集団的承認」に加えて、自己内で想定される、他者一般からの承認（「一般的承認」）をつけ加えている点が優れています。山竹伸二『子育ての哲学──主体的に生きる力を育む』（ちくま新書、二〇一四）を参照。前掲、西研『これが哲学！』三三七－三四九頁にも簡潔な記述があります。

自己了解・他者了解・体験世界の理論

このような「体験世界の一般理論」は、何のためのものでしょうか。それが自己のあり方、そして他者のあり方を理解するさいに役立つということが何よりの存在理由でしょう。

そしてこのような人間論は、心理学者や哲学者が特権的に作り出すものではないと私は考えています。そうではなく、それは、人のさまざまな生のあり方を言葉にして交換しあうことのなかから作り出されてよいはずですし、そうやって作られた理論は今度はふだんの人々の実践によって試されなくてはなりません。

たとえば看護や介護や教育などの営みにおいて、支援する人は支援を要する人との関わりのなかで、自分の知らなかった他者のあり方に気づかされたり、そこからふりかえって自分自身のあり方に気づかされたりします。このような、他者了解を通じての自己了解ということが、人を支援する実践のなかではしばしば起こります（それが支援の仕事の醍醐味といえるかもしれません）。そして、そのような「気づき」はまた、「人間とは〜な存在だなあ」という人間一般のあり方への気づきへとつながっていくでしょう。

ですから、本質観取のワークショップを行うことと、体験世界の一般理論をつくりだすこととがつながっていくのが、哲学として、また人間科学としてふさわしいあり方だと私は考えています。他者了解と自己了解、そして人間存在一般の了解とが連動して進む。そのような営みが生き生きと行われるとき、そこから各人は自分のこれまでの物語（＝自己了解）を刷新したり、支援の実践について指針を得たり、新たな支援の努力に向けて強い動機を得たりすることができるでしょう。

本質観取が生み出しうるものを、あらためて確認しておきます。一つの焦点となるのが「人間」（欲望や情緒や諸価値の根拠を扱う、体験世界の一般理論）であり、もう一つの焦点が「社会」（正義・教育・医療などの社会的な営みとその理念）です。しかしこの二つはまったく切り離されたものではありません。社会的な諸活動の理念はもともと人間の体験世界のなかに孕まれているものですし、また、体験世界の一般理論は教育や医療のような「人間」に関わる社会的営みの基礎となるはずだからです。

2　インタビューを用いた質的研究とエヴィデンス

続いて、「経験科学」でもある人間科学において、本質観取はどのような働きをするか、そしてそこでのエヴィデンスはどのようなことになるのか、について考えてみたいと思います[30]。具体的には、インタビューを用いた質的研究を取り上げてみることにします。

人間科学の研究においては、しばしばインタビューが行われます。たとえばアルコール中毒から帰還してきた人、性同一性障害を抱えて生きてきた人、幼少期や思春期に親と死別した「死別体験」をもつ人などにインタビューを行うとき、彼らがもっているはずの一般の人とは異なった体験を知り、理解しようとすることが目的となるからです。

その点で、これまで取り上げてきた本質観取のように、同種の体験をもつ者どうしで語り合い、共有し

[30]　鯨岡峻の提唱する「エピソード記述」については、詳しく取り上げる余裕がありませんが、人間科学的実践としてひじょうに重要なものだと私は考えています。それは保育者が子どもとの関わりのなかで「心を動かされた」ことをエピソードとして描いて考察を加えるものですが、保育や育ちの本質観取へとまっすぐつながっています。

うる本質を取り出す、という仕方での「対等な立場」の議論はできないことになります。自分の知らないことを相手から教えてもらう、ということがインタビューには含まれているからです。では、この種の研究は、本質観取とは無縁なのでしょうか。またそこでのエヴィデンスをどう考えればよいのでしょうか。この二点について、最後に考えてみたいと思います。

テクスト＝データという立場

「はじめに」でふれましたが、多くの質的研究において、インタビューを記録したテクストは、自然科学におけるデータ、つまり実験や観察の記録に相当するものであって、人間科学における主張のエヴィデンス（根拠）とみなされています。そこには、以下のようなイメージがあると考えられます。――〈語り手の体験を文字にしたデータは、その人の「心という客観」を表している点で真実性があり、だからこそエヴィデンスとなる。文字データは、実験や観察の記録と同じく、だれでもそれにアクセスできる点で、公共性を備えている。そのデータを一定の客観的な（だれが行っても同一の）手続きでもって分析することによって、科学的な成果が得られる〉と。このような客観的な手続きをふまえることによって、人間科学の質的研究は科学的なものになると考えられているのです。

たとえば、グラウンデッド・セオリーという質的研究の手法では、複数の人々の語りの記録をもともとの文脈がわからなくなるくらいまで細かい単位へと分解し、そこから、それらに共通するカテゴリーを見つけ出そうとします[31]。現象学的心理学のジオルジはフッサールの本質観取について深い理解をもつ人ですが、人間科学の方法としては、現象学をやはり「テクスト分析の手法」として定式化しています。それはグラウンデッド・セオリーとは逆に「文脈」を大切にします。たとえば「嫉妬」という経験について書かれた文章をていねいに読んだうえで、それをまず①いくつかの「意味単位」（意味内容からみたまとまり、一つの形式段落より小さいことも大きいこともある）に分け、②それぞれの意味単位を一般化してゆき、③最終的には、嫉妬という経験一般に共通するだろう「構造」を取り出す、ということになります[32]。

グラウンデッド・セオリーとジオルジとではずいぶん違いがあり、これを同列に置くことはためらわれますが、経験科学的なエヴィデンス（元データ）としてのテクストがまずあり、これに一定の分析を加えると一定の科学的な結果が得られる、という形式をみるかぎり、両者には共通点があります。その他にも、テクストを分析するためのさまざまな手法が開発されており、現象学もテクスト分析の手法の一つとして理解されているふしもあります。

しかしこのような〝疑似自然科学的〟な人間科学の理解は、じっさいのインタビューや研究において体験されているものからはかけ離れていますし、かえってそこでの豊かな「気づき」を阻害するものになりかねないと私は考えます。すなわち、この理解のもとでは語り手と聴き手双方の「主体」の軽視が引き起こされかねず、そしてこの主体の軽視は、人間を理解するという人間科学の「目的」自体の曖昧化にもつ

［31］現在日本でしばしば用いられている「修正版グラウンデッド・セオリー」は、もともとの文脈を積極的に考慮に入れます。木下康仁『グラウンデッド・セオリー・アプローチ――質的実証研究の再生』（弘文堂、一九九九）。

［32］嫉妬の例は、アメデオ・ジオルジ『心理学における現象学的アプローチ――理論・歴史・方法・実践』（吉田章宏訳、新曜社、二〇一三：原著二〇〇九）、第6章を参照。なお、彼は「本質」という言葉のもつ永遠不変な響きを嫌って「構造」という言葉を用います。

ながりかねません。以下、このことを詳しく論じていきます。

(1) 語り手の主体の軽視——動機・関係・気づきの捨象

まず、テクストは語り手の内的なものをそのままに写し出している、といえるでしょうか。語り手は自分の体験や思いをそのまま言葉へと翻訳しているわけではありません。聴き手に向かって語る、ということは、語り手にとって特別な意味のある行為だからです。

たとえば、性同一性障害者や幼少期の親との死別体験をもつ人にとって、「性同一性障害であること」や「死別体験」はそれぞれ非常に重いものであったはずですが、しかし同時に、そのことは他人には語りがたく、一人で抱え込むことも多かったことが想像されます。そのような体験と思いを研究者のまえで語りだすときには、「あらためてだれかに自分の思いを聴いてもらいたい」とか、「語ることで自分の体験してきたものをあらためて見つめ直したい」というような動機が働いているでしょう。

また、この「語る動機」については、語り手と聴き手との関係がどのようなものであるかということが大きく関わってきます。語り手のなかに、自分の体験してきたものを見つめ直したいという自己了解の欲求が強くあり、他方の聴き手のなかにも、語り手の体験をよく理解してそのカナメとなるものを社会の人々に伝えようとする欲求があるとき、インタビューの作業は、語り手と聴き手の双方が協力しあいながら「語り手の体験と思い」を確かめようとする共同作業の関係になります。聴き手は語り手の言葉を辛抱強く受けとめながら、ときに「そのときはどんな気持ちだったのですか?」などと返しつつ、語り手の思いを確かめようとするような作業になっていくでしょう。——しかしじっさいのインタビューはそのような好ましい関係ばかりではありません。語り手が聴き手に「ほめて」もらいたくて、努めて聴き手の気に入るような話をしようとすることもありえます。

これとは逆に、語り手と聴き手の動機がうまくかみ合って〝いい感じで〟進行したインタビューの場合には、語ることを通じて、語り手のなかになんらかの「気づき」が生まれてくることも多いでしょう。これは語り手にとってだけでなく、聴き手や読み手にとっても重要な意味をもつものかもしれません。

このように、語り手の動機、聴き手との関係、語り手の気づきはとても重要なものであるはずですが、「語りを文字化したもの＝エヴィデンス」という発想のもとでは、それらの重要性が看過されてしまう可能性があります（もちろん、これらの重要性を聴き手が意識していれば、当然これをインタビューの内容に反映させたり、研究のさいに注記することができます）。

（２）聴き手のなかのリアリティや気づきの捨象（聴き手の〝黒子〟化）

次は、聴き手の主体の捨象という問題です。しばしば質的研究においてみられるのは、聴き手が語り手にどのように関わったのかが捨象されて、あたりかも語り手が一人で〝独演〟したかのようにテクスト化される、ということです。

聴き手のなかでは何が起こっているでしょうか。聴き手は語りを聴きながら、ときに心を動かされたり、よくわからなくて確かめようとしたりします（それは、深く頷く仕草や、「そこをもっと詳しく話してくれませんか」という言葉として表現されるかもしれません）。語り手の言葉に触発されて聴き手が強いリアリティを感じるとき、聴き手のなかでは自分のかつての何らかの体験や思いが暗々裏に想起されているはずです。

逆に聴き手がよくわからない、つまり〝ピンとこない〟言葉に出会ったときには、そこを詳しく尋ね返して〝腑に落ちる〟ところまでいきたい、と思うでしょう。

〝腑に落ちる〟とは、「語り手の言葉が、聴き手本人の体験や思いを触発することで、聴き手のなかに反省的なエヴィデンス（確かに自分にも思いあたる）が生まれること」といえます。そしてこれは「あることを自他で共有しえた」という感触でもあります。つまり、他者の言葉が、自分とはまったく異なった存在のものではなく、自分の身に覚えのあるリアリティをもったものとして感知された、ということになります。

このようにしてインタビューのなかでは、両者の共有しうるリアリティ――木村敏の言葉を用いるならば、生々しさのあるアクチュアリティ――が生まれてきています。そしてこのアクチュアリティを感じられるからこそ、聴き手は語り手の体験世界に迫っていくことができるのであって、これが感じられなければまさしく「ひとごと」でしかありません。そもそも他者を理解するためには〈相手の体験世界を理解するさいのカナメ（ポイント）となるのはどういう点か。それをどのような言葉で呼べばよいか〉ということが重要ですが、こうした「ポイントの言語化」は、聴き手が相手の表情や言葉から実感しえたアクチュアルな感触によって初めて可能だからです。

ですから、グラウンデッド・セオリーは〈複数の人々にインタビューして得られたテクストを細切れにし、もとの文脈がまったくわからないようにしておいて、それらに共通するカテゴリーをいくつか生成していく〉という方法ですが、もしこれをタテマエどおりに実行するならば、おそらく言葉のもつ表面的な共通性しか取り出すことはできないでしょう。――もしグラウンデッド・セオリーによる研究が語り手の体験世界を理解するためのポイントをつかみ出すことに成功しているならば、それはじつは、聴き手がさまざまなインタビューを通じて、語り手たちの体験世界を理解するためのカナメとなるものをあらかじめ体感していた、ということかもしれません。

カナメ（ポイント）の詳細な例を挙げるだけの紙幅がありませんが、たとえば性同一性障害の人は「生まれた身体の性と、心の性とは別だ」と感じるようになってきた経験をもつだけでなく、それを自分のなかで認めたくない、ときには忌まわしいとすら感じる心の動きを経験したでしょう。その後に、これを自分のなかで認めることができるようになったとしても、まわりの親しい人、とくに親に対してそのことを言えない、という悩みがつきまといます。このように「だれにもいえない秘密を持ち続ける」ということの苦悩を、セクシャル・マイノリティの人の多くが経験します。

これはセクシャル・マイノリティである私の友人たちの話から私が感じとったもので、彼らの体験世界を理解するにはほんの入口にしかすぎませんが、ともあれ、インタビューを用いた研究においては、語り手の体験世界を理解するためのカナメとなることを取り出して言語化していく、という作業が必要になるわけです。

そしてこのような言語化は、やはり一種の本質観取と呼んでよいものだと私には思われます。それは、なつかしさの本質を考えるときに、たえず自分自身の「感触」に立ち戻り、そこにふさわしい言葉を与えようとした――たとえば「ホッとする安堵感」というような言葉を与えようとした――のと、基本的には同じ作業だからです。聴き手である私は語り手の体験世界そのものを生きることはありませんが、私の感じたリアリティ（アクチュアルな感触）は私のなかにあります。私がこのアクチュアルな感触を確かめつつ、それにふさわしい言葉をみつけようとするとき、それはまさしく「反省的エヴィデンス＝自分の感触を反省すると確かにそうなっている」にもとづいて行うことになります。

もちろん、このように言語化したものが語り手の体験世界にふさわしいものかどうかは、あらためて検証されなくてはなりません。まずは、語った本人がその言葉をどう受けとるか、ということがあります。さらに、語り手の言葉や表情をどのように聴き手（ないし研究者）が受け取って言語化していったか、というプロセスじたいを研究のなかでも明らかにして、研究の読み手がたどれるようにしておくことも必要かもしれません。

この、聴き手のなかに生まれるアクチュアルな感触（＝反省的エヴィデンス）は他者理解のために不可欠であり、実際の研究においてつねに働いているはずですが、しかし、それはしばしば〝なかったこと〟になっています。語りのテクストがデータ＝エヴィデンスとされ、それを客観的な手法によって分析するという疑似自然科学的な方法においては、聴き手や分析者の主観が混じらないことが客観的であるかのようです。しかしそんなことはありえない。「聴き手やテクストの読み手が感じる主観的な心の動き、つまりアクチュアリティに根ざしてはじめて、語り手の体験世界に迫っていくことができる」というごく簡明な事実を人間科学は正当に評価し、その手続きのなかに取り入れる必要があるはずです。

(3) 人間理解という人間科学の最終的な「目的」の曖昧化

この語り手・聴き手双方の主体の捨象は、結局のところ、人間科学の目的の曖昧化を生み出す可能性があります。語り手の体験世界の理解と、さらに必要があればどのような支援が適切か、ということが多くの人間科学研究においては最終的な目的であるはずですが、「テクストデータをかくかくしかじかの手法で客観的に分析したら、このような結果が出てきた」という仕方で研究が行われるならば、「はたしてこの研究は、語り手の体験世界を深く理解し支援するために役立つポイントをきちんと指摘できたか」ということが十分に問われないままになる可能性があるからです。

私が人間科学の研究についてしばしば感じるのは、一つにはアメリカの心理学が「科学」であろうとしてきた歴史があり、その要請がきわめて強いものであったということです。この要請に応える仕方で、グラウンデッド・セオリーのような疑似自然科学的な研究法が求められたのでしょうし、ジオルジのようにフッサールを読み込み深く理解している人でさえ「テクストを一定の手続きでもって分析する」という仕方で研究法を定式化してきたのでしょう。しかし彼らのような、一九六〇年代にグラウンデッド・セオリーや現象学的心理学を提唱した研究者たちは、質的な研究が人間理解に必須だという強い信念をもって奮闘してきたのであって、その志は立派なものだったと思います。

しかし現在の日本の人間科学研究においては、私はときどき「方法の優越」とでもいうべきものを感じます。「方法がほしい。方法さえ与えられれば、それでもって論文が一本書ける。便利な方法はないか」というような。そこでは、何のための研究なのか、何を明らかにしなくてはならないのか、その研究はどのような射程をもちうるのか、ということよりも、研究として通用する「形」をどう整えるのか、ということに意識がいっているようにも感じられるのです。人間科学の研究は、そのプロセスじたいが、語り手と聴き手の双方において、また研究の読み手のなかにおいても、他者了解と自己了解とを深めていくようなものであってほしいし、またそうあるべきだろうと思います。

語り手を理解しようとする、ということは、語り手の体験世界のもつ独特かつ固有なものを「理解不可能な他者」として放置するのではなく、自分自身の（さらに人間一般の）これまでの体験のどこかと響きあうものとして把握しようとすること、といえます。

そもそもフッサールの提唱した現象学は「主観一般」の構造を明らかにしようとするものでした。これはつまり、どんな他者の体験（および体験世界）をも、私の体験（および体験世界）の変様態として見ようとする努力だともいえます。誤解をおそれずにいえば〈他者は、さまざまな異なった条件のなかを生きる「もう一人の私」だ〉ということが現象学の営為を貫く一つの重要な〝信条〟なのです。[33]

他者をバージョンの異なった「同じ私」としてみる、ということは、自他のちがいを無視することではありません。そのバージョンのちがいとは、各人の生を成り立たせている「さまざまな条件」のちがいであり、そのような生の条件の違いとその意味するところに対して鋭敏さを育てることは、人間科学や哲学の目標の一つです。さらにそれと同時に、自他のなかに同じ「人」としての心の動き――バカにされれば悔しく思い、自分を受け入れてくれればうれしく思う、というような――を感じとろうとすることがやはり人間科学や哲学の求めるものとしてある、と私は考えています。

人間科学は経験科学ですが、しかし、哲学的な現象学とかけ離れたものとみなすべきではないと考えます。たとえば看護学では患者や看護師の体験の現象学的研究が行われていますが、その研究は、当事者でないまったくの「一般の人」に対しても、彼ら彼女らの体験の独特なあり方を理解させるようなものでなくてはならないでしょう。いいかえれば、「人間一般」の体験世界の理論である哲学的現象学とも接続できなくてはならないでしょう。

そのようにして、人間科学と哲学的現象学とが協力しあいながら、各人の自己了解・他者了解・人間一般の了解を推し進めるものとして育っていくことが望ましいと考えます。

［33］心理学の渡辺恒夫は、他者たちの書いたさまざまなテクストの人称をあえて「一人称」に変換し、「あたかも自分自身の体験であるかのように」読もうとする「一人称的読み」を提唱しています。それはフッサール自身の感度にはふさわしいと考えます。渡辺恒夫『フッサール心理学宣言――他者の自明性がひび割れる時代に』（講談社、二〇一三）を参照。

第4章
「接面」からみた人間諸科学

鯨岡　峻

臨床や実践を展開する際、人と人の接面で起こっていることがその展開の鍵を握ることは言うまでもありません。しかし人間諸科学は、その接面で起こっていることを十分に取り上げてきたでしょうか。臨床や実践の内容が対処マニュアルのかたちにまとめられていく昨今の行動科学の動向に疑問を感じる立場からは、いまいちど接面に立ち返って、そこでの営みを研究の屋台骨に据えるような研究や実践の展開が求められます。そしてその試みのなかから、本来の人間科学にとって求められるべきパラダイムは何か、またそのパラダイムにとってのエヴィデンスはどのようなものかについても、新しいパースペクティブが拓けてくるように思います。

第1節「接面」という概念に行き着くまで

まず「接面」という概念に私がたどり着くに至った経緯について取り上げてみます。その経緯がこの概念を理解するうえにも、さらにはこの概念が新しいパラダイムの鍵になると主張するうえでも、必要になってくると思われるからです。

客観的観察の足場が崩される

四〇歳近くになってフィールドに出た私は、その当時独学で学んでいた現象学の影響もあって、まずはフィールドに親しみ、その場で起こっていることのありのままを捉えようという姿勢で観察に臨んでいました。その当時の私にとって、事象の「ありのまま」を捉えるとは、そこで起こっている事象を正確に、克明に、客観的に捉えて記録にもたらすことであると信じ込んでいました。そうすることが当該事象の「本質」を看取することにつながるのだという、今から思えばとんでもない考え違いをしていたことになります。

そのような考え違いに気づかされるきっかけになったのは、「ああ、これが取ってほしいのね」と母親が乳児の見ていたガラガラを取ってやる場面や、「Aくんは本当はBくんと遊びたいんでしょう？　遊ぼうと言ってみたら？」と保育者がAくんの気持ちに沿って対応する場面などに頻繁に接したことでした。

客観的観察の枠組みに沿って外側から観察していた当時の私には、なぜ母親にそのように子どもの気持ちがつかめるのか、なぜ保育者にそのように子どもの思いがわかるのか、そこが不思議でなりませんでした。この不思議は、つきつめれば、従来の客観的観察の足場が崩される意味をもつもので、二者間の行動を相互作用という水準でより詳細に記述すれば解ける問題ではないという考えを私にもたらしました。

子どもの気持ちがわかる──「間主観的にわかる」

今から思えば少々気恥しいのですが、保育者に子どもの気持ちがわかるように、私自身も子どもの気持ちがわかるようになってみたいと真剣に思いました。そのような思いでフィールドでの経験が重ねられていくうちに、私にも次第に子どもの「こうしたい」「こうしたくない」という思いがつかめるようになってきました。こうして私自身に子どもの気持ちがつかめるようになってみると、客観的に記録を取っていた当時、保育者にその子の気持ちがわかるのは解釈の結果ではないかと思っていたことが見当違いであることがはっきりとわかってきました。解釈などではなく、まさに子どもの気持ちがすーっと私自身に伝わってくるように（身に沁みてわかるという表現が決して比喩ではないというかたちで）わかってくるのです。母子間の観察をしているときも同じでした。少し観察場面に親しむようになってみると、母親の「もう嫌になったね」という言葉かけや「こうしてほしかったのね」という言葉かけがきわめて自然なもので、それを解釈だといってしまうとかえって不自然だと思うようになりました。実際、私自身がその場で子どもの思いに自分の心を寄り添わせようと努めてみると、子どもの思いがごく自然に私に伝わってきて、母親の言葉かけはまさに自分もかけることのできた言葉だと思われてきました。

こうして、母子関係や子ども－保育者関係を詳細に記述するようになってみると、大人に子どもの気持ちがわかるということがその関わり合いの展開の鍵を握るものであることがつかめてくるとともに、それが解釈などではないことが実感されてきました。そこから、相手の主観内容（気持ちや思い）が私の主観のなかに入り込んでくるという実感を、「間主観的にわかる」と表現してみたのでした。

臨床や実践における対人関係の展開は「間主観的にわかる」ことにかかっている

遠くから外部観察的に眺めるのではなく、子どもの気持ちに寄り添えたときに、子どもの気持ちが私に通底してくるようにわかるという体験を、「間主観的にわかる」ことと捉えてみると、実はこれがありとあらゆる対人関係の展開の機微を担うものであるということが一挙に見えてきました。母と子の関係であれ、保育者と子どもの関係であれ、教師と子どもの関係であれ、さらには看護師と患者の関係や臨床家と来談者の関係であれ、ありとあらゆる対人関係は、この「間主観的にわかる」ことから、あるいはその逆に「間主観的につかめるものがない」ことから、それ以降の展開になる事情がつかめてきました。

ところが、同じ子どもに関わっても、子どもの気持ちが間主観的にわかって、その思いに添って対応を紡ぎ出せる人と、それがつかめないために自分の願いを先に子どもにぶつけてしまう人がいることに気づかされました。そこから、どういう条件のときに「間主観的にわかる」のかが問題になってきます。これは実践上きわめて重要な問題ですから、私はまずはその条件の解明に向かい、「相手にいつもすでに気持ちを向けている」「相手の気持ちに自分の気持ちを寄り添わせている」「相手に根源的な配慮をいつも向けている」等々とその条件を指摘することになったのでした。要するに、「ここ」にいたまま「そこ」を見るという客観的観察の姿勢を乗り越えて、「ここ」を「そこ」にもち出す、「ここ」を「そこ」に重ねるというように、積極的に相手のことをわかろうとする能動的姿勢が「見る側」に不可欠であるという理解です。そこから、その比喩の極限として、まさに相手の身体に自分の身体が合体したと思われるような事態を「成り込み」と呼んだり、自分の情動領域を自身の身体の境界を越えて相手の情動領域にまでもち出す事情を「情動の舌」と表現したりして、この「間主観的にわかる」という事態を何とか読み手に伝えようと悪戦苦闘してきたのでした。

子どもと養育者との関係であれ、子どもと保育者の関係であれ、あるいは患者と看護師の関係であれ、人が人に関わる領域では、相手の気持ちがこちらに通底してきたかのように把握されることが解釈などではなく、まさに実感されるものであり、それが関わりのその後を動かしていくものであることは、当たり前すぎるほど当たり前に経験されていることです。しかし、それは客観的観察という枠組みでは決して取り上げることのできない問題なのです。

サリヴァンの「関与しながらの観察」

従来の客観的な観察の枠組みでは、私がいま問題にしたい「間主観的にわかる」という事態に踏み込めないのだとすると、ではどのような観察方法がありうるのかという問いが浮上します。臨床精神医学研究で著名なサリヴァンの「関与しながらの観察」（以下、関与観察と略記）に手がかりがあるという直観は早くからありました。サリヴァンは精神科医として患者に向かい合いながら患者の様子を観察します。その観察の際、患者の言動が客観的に捉えられることは言うまでもありませんが、それだけではなく、その患者のもたらす雰囲気や姿勢や言いよどみなど、その言動の周辺にまとわりついているものがサリヴァン自身の内面に浸透し、そこからさまざまな考えや感情がサリヴァン自身に喚起されてきます。サリヴァンはその両方を同じように重視して記録に残すべきことを提唱してこれを「関与しながらの観察」と呼んだのでした。

考えてみれば、人が人に関わるなかで、相手の言動ばかりでなくその意図や思いや情動が関わり手の内部に間主観的に感じ取られてくるのは当然のことで、それを手がかりに患者の内面に迫ろうとするのは精神医学の基本中の基本であるはずです。それは精神科医と患者という特殊な関係に生じることではなく、すべての人と人の関係に生じるはずのものです。その限りで、患者と精神科医とのあいだの関係を子どもと母親のあいだの関係、あるいは子どもと保育者のあいだの関係に当てはめてみれば、精神科医が患者の下に把握するものと、母親や保育者が子どもの下に把握するもの（間主観的にわかるもの）とのあいだにはほぼ同じ構図があることがわかります。

サリヴァンの「関与観察」に注目したこの時点で、物理的事象を観察することから出発した自然科学的な客観的な観察と、人が人を観察するという関与観察との違いを徹底して考え抜いていれば、私はもう少し早く「接面」の概念にたどり着けたかもしれませんし、また接面パラダイムの考えにもっと早く到達できたかもしれません。それが容易にできなかったのは、私自身の内部にも「関与観察」には関与観察者の主観が絡むという客観的観察の枠組みに引きずり込まれた思い込みがあったからに違いありません。

間主観的にわかったことをエヴィデンスとして示すことができるか

実際に関与観察の場面で、Ａくんという一人の子どもの今の気持ちがこうだったと間主観的につかめたことは私自身にとっては紛れもない事実です。しかしそれをそのように述べただけでは、客観科学の立場からは直ちに、「Ａくんの気持ちがそうだったという証拠はどこにありますか？」という厳しい問いが発せられ、「それはあなたの主観的な解釈ではありませんか？」という問いが追い打ちをかけてきます。次のような具体的な場面を考えてみれば、この間の事情がわかるはずです。

いま、３歳児の午睡の部屋で、なかなか寝付けないＢちゃんを担任の先生が背中をとんとんして寝かせています。Ｂちゃんが眠れば全員入眠という状況で、少し離れたところで寝ていると思っていたＡくんがむっくり上半身を起こし、保育者にまなざしを送ってきます。そのＡくんと目が合った担任の保育者は、そこにＡくんの「先生、きて、ぼくもとんとんして」という思いがつかめたので、「わかったよ、Ｂちゃんが寝たら行ってあげるからね、もうちょっと待っててね」という思いで無言のまま頷いてみせると、それがＡくんにもわかったようです。

この場面で、Ａくんも担任の保育者も一言も言葉を発していません。しかし、担任はＡくんの思いがつかめた（間主観的にわかった）ので頷き、Ａくんも担任の思いがつかめた（間主観的にわかった）ので上半身を起こしたままで先生が来るのを待つことができました。ところが客観科学の枠組みは、Ａくんは「本当に来てほしかったのか、ただ起き上がっただけではなかったのか、Ａくんが本当に来てほしかったという証拠は示せるのか」と問いを突きつけてきます。そしてその証拠を出せないとなると、それは単にその保育者の主観的解釈だと一蹴されてしまうのです。

エヴィデンスとして示すことができないのであれば、それは科学的研究ではないという客観主義の論難は、確かに客観主義パラダイムに依拠する限りでは突き崩すのが難しい論難です。サリヴァンの「関与観察」がサリヴァン以外の精神科医に観察法として広がっていかなかった事情もそこにあったのに違いありません。これは「人が人を間主観的にわかる」ということが問題になるすべての人間科学あるいは実践科学の領域に常に突きつけられる問いであり、それが長い間、このテーマが人間科学において取り上げられてこられなかった理由だったのだと思います。

以上、五点にわたって、接面という概念に私がたどり着くまでの経緯をスケッチしてみました。ここでいいたいのは、客観科学の枠組みと、「人が人の気持ちを間主観的にわかる」ということを問題にする私の枠組みが、まったく異なるパラダイムに帰着するということです。

第2節　接面

「接面」とはこういうものだと最初から定義することは難しいので、まずは接面が問題になる場面を大まかにスケッチしてみたいと思います。

接面の簡単なスケッチ

気持ちを向け合う人と人のあいだには独特の空間、雰囲気が生まれます。たとえば、母親が子どもを可愛いと思って関わるときにそこに生まれる独特の雰囲気、あるいは保育者が子どもの気持ちに寄り添ったときにそこに生まれる二人のあいだの独特の空間、さらには臨床家と患者のあいだに生まれる独特の雰囲気などがそれです。それこそが人が人をわかるという出来事が生まれてくる基盤をなしています。先の午睡のときの例でいえば、Ａくんと目が合って、Ａくんの来てほしいという思いが保育者に伝わり、保育者の行ってあげるよという思いがＡくんに伝わる裏には、まずもって両者のあいだに独特の空間や雰囲気が生まれていることを指摘できるでしょう。

そのような人と人のあいだに成り立つ独特の空間や雰囲気をさしあたり「接面」と呼んでみましょう。そうするとそれは単なる二者間の物理的な空間という意味での「あいだ」とは異なるものだということがわかるはずです。そうした独特の空間や雰囲気が生まれるのは（つまりそこに「接面」が生まれるのは）、少なくとも一方が他方に志向を向けてそこに関係を作り出そうとしているからでしょう。

上に独特の空間や雰囲気と述べたことは、必ずしも常にポジティブな内容を指しているとは限りません。たとえば、ある子どもの意図をつかもうとその子に寄り添おうとしても、その子から跳ね返されるような力を感じ取らされたり、逆にこちらが積極的に働きかけると壊れてしまいそうな危うさを感じて、これ以上関わることがためらわれたりというように、こちらの意図と相手の思いがうまく絡み合わない場合にも、そこには独特の空間や雰囲気が生まれます（自閉症スペクトラムの子どもに関わるときにその接面からそのような雰囲気が感じられることがあります）。このように、肯定的な内容であるか否定的な内容であるかの如何を問わず、人と人がつくる空間や場に独特の雰囲気が生まれることについては、たくさんの具体例をあげることができます。

たとえば精神科医がかつて統合失調症の患者を前に「統合失調症臭さ」と呼んだ独特の雰囲気は、まさに統合失調症の患者と精神科医のあいだに生まれるものです。打者が剛球投手を前に「打てそうにない」と感じるのも、その打者とその投手とのあいだに生まれる独特の間合いから感じ取られるものでしょう。柔道であれ剣道であれ、格闘技の選手が相手との間合いを測りながら攻めるタイミングを懸命に探すのも、そこに生まれる独特の空間や雰囲気を通じてのはずです。インタビュアーとインタビュイーのあいだにも独特の空間や雰囲気が生まれ、それによってインタビュイーは話しやすいと思ったり、話しにくいと思ったりするはずです。噺家が聴き手から返ってくる手応えをたよりに自分の演技を修正するのも、噺家と聴き手とのあいだに生まれる独特の空間や雰囲気を通してのはずです。あるいは演奏家がアンコール曲を弾こうと鍵盤に向かった瞬間、聴衆とその演奏家のあいだには静謐と緊張感を孕んだ独特の雰囲気が生まれます。

上にみたのは肯定的な場面の例ですが、面接場面に立たされた人が顔がひきつるような緊張感を覚える空間や雰囲気もあれば、葬儀の場面など、参列した人に周りの悲しみが身に沁み込んでくるような辛い空間や雰囲気もあります。

こうしていろいろな接面をスケッチしてみると、そこには対面する人同士のあいだに独特の空間や雰囲気が生まれるという事実、さらには対面場面を越えて、多くの人が醸し出す雰囲気がその空間に溢れ、それが人の心に沁みるという場合もあるでしょう。球場で贔屓のチームを応援するときの一体感やオーケストラの演奏会場での独特の雰囲気や楽団員と聴衆の一体感などはその種のものだといえます。

こうして、人と人のあいだには独特の空間や雰囲気が生まれ、そこで人は何かをそこから感じ取っています。それが人の生にとってきわめて重要な意味をもち、そこでの経験が日々の生活に彩りを添えているはずです。こうした独特の空間や雰囲気をさしあたりは「接面」という言葉で包含できないかと思うのです。

接面で生じていること

接面ではさまざまなことが起こっています。たとえば、母親の温かく優しい情の動きが幼児を包み込み、その子のなかにうれしい気持ちが湧きたちます。観察している私には母の優しい情の動きも、子どものうれしい気持ちも、そのようなものとして伝わってきます。この例にみられるように、母と子の接面ではこのような肯定的な情動が行き交う場面もあれば、激しい怒りから語気鋭い言葉が発せられ、それによって子どもが縮み上がる場合のように、両者のあいだに負の情動が行き交う場合もあるでしょう。このように、接面ではまさに人の喜怒哀楽に関わる情動が行き交っています。そして一方の情動の動きは他方へと容易に浸透し、しかもそれが双方において交叉することによって、さらなる情動の動きに転化していくこともあるはずです。

そうした情動の動きは、うれしい、楽しい、悲しい、腹立たしいといった喜怒哀楽に関わるカテゴリー的な情動ばかりでなく、広義の情動、私が力動感とよぶ、ワクワク感、ドキドキ感、イライラ感、ムズムズ感、ガックリ感、しっとり感、昂揚感、安心感、期待感など、実に多様な情動の動きもそこに含めて考えてよいと思います。そうした狭義、広義の情動の動きが、一方が他方の気持ちを「間主観的にわかる」ということの基盤をなしていることは、これまでの私の著書でも繰り返し論じてきたところです。「間身体的に響き合う」と語ってきたことも、同じ内容を言い当てようとしたものでした。

こうした間身体的、間主観的な情動把握を基盤に、母親や保育者は子どもの「こうしたい」「こうしたくない」「こうしてほしい」という思いを間主観的につかみ、それをまずは受け止めて、それに応じたり、受け止めても応じなかったりして、その後の対応を紡ぎ出していっています。つまり、接面では子どもの言動だけでなく、その言動の基になった情動の動きがその接面を通して当事者に把握されてきます。こうしたことは、子どもと教師のあいだでも、患者と看護師のあいだでも、さらには恋人同士のあいだでも、夫婦のあいだでも、友人同士のあいだでも、要するにありとあらゆる人と人のあいだで起こっているはずです。

そうしてみると、従来、「相手の気持ちがつかめた」「相手の気持ちが身に沁みてわかった」「こちらの気持ちが相手に伝わった」というふうに語られてきたのは、接面を通して力動感が相互に相手に浸透するという事情を言葉にしたものだということがわかります。ですからそれらはみな対人関係の展開を左右する大きな意味、というよりもむしろ対人関係を動かしていく原動力といってもよいものです。

接面の当事者性

これまでさまざまな対人的場面に生まれる独特の空間や雰囲気を「接面」という用語で包括的に捉えるべきことを述べてきましたが、注意を要するのは、これらの具体例は接面を語る人にとっての接面だという点です。言い換えれば、接面は「客観的にそこにある」という性質のものではなく、接面の一方の当事者である主体にとってはじめてそれが接面といえるものだという点です。先の午睡の例のように、双方の志向が上手く噛みあって、トントンしてほしいというAくんの気持ちが保育者にわかることと、先生は来てくれるとAくんにわかることが同時に展開している例では、接面はそれに接する双方にとっての接面であるといえ、双方が接面の当事者だといえます。しかし、「先生来て」という思いを送るAくんを前に、「Aくん起きちゃダメでしょ、寝なさい！」と一喝する保育者がいるのも事実です。この場合、Aくんは先生にぼくの思いをわかってとまなざしを送っていますから、その限りで、Aくんにとって自分と先生のあいだの空間は接面だといえますが、しかしその接面に接しているこの先生はAくんの気持ちを受け止める態勢にありません。つまりAくんのつくる接面に接してはいますがその接面の当事者であるとはいえません。

ここの議論はたいへんややこしいのですが、対面する人と人のあいだに生まれる独特の空間や雰囲気を「接面」というときに、それを「客観的にあるもの」といってしまうと、すぐさま「その証拠は」と問われ、客観主義パラダイムに巻き込まれてしまいます。接面がそのようなものとしてあることは当事者にとっては「いま、ここ」での真実なのですが、それをその接面に接していない人にも容易に把握できるもののようにいってしまうと誤解を招きます。接面をそれに接する当事者と切り離せないことの自覚が、実践の立場からみればいかに当事者としてそこに接面を創るかという議論にも通じます。間主観的にわかるための条件として掲げた、「いつもすでに志向を相手に向けてしまっている」「相手に対して根源的な配慮を向けている」「相手を主体として尊重している」等々の要件は、そのまま接面の当事者であることの要件でもあるでしょう。実践の当事者ではあっても「寝なさい！」と叱ることしかできない人は、そこに接面を作り出せていないといわなければなりません。

接面の当事者性というと、当事者にしかその接面での出来事に接近できないかのように聞こえますが、そうではありません。これに関しては、接面の当事者が描くエピソードを読み手として読んだときに、当事者の得た体験を読み手としていかに了解できるかという問題との関連で、この小論の末尾で論じてみたいと思います。

対人関係を問題にする人間諸科学と実践の現状

これまで、対人関係の展開の鍵を握るのは接面で生じていることであると述べてきました。では対人関係を扱う人間諸科学や実践学は、その接面で生じていることを真正面から取り扱ってきたでしょうか。文化人類学や医療人類学の研究者のなかには、フィールドに赴き、現地の人や患者の生の声に接することが、その人たちを真に理解するうえに欠かせないと主張する人たちが少なからずいます。また心ある臨床家のなかには自分とクライエントの接面で生じていることを丁寧に描き出して、クライエントの生き様を明らかにしながら、その生の意味を問い続けている人が少なからずいます。そしてかくいう私も保育者が接面での出来事を描いたエピソードから、保育という営みの本質に接近しようと試みている人間の一人です。

しかし、そうした接面での営みを重視する人間諸科学や実践学の動向は、全体としてみれば残念ながら人間諸科学全体の絶対少数派にとどまっています。質的研究の一種と自称しているインタビュー研究でさえ、当の研究者は最初の問いを発すればそれ以降はインタビュー場面から消えてしまったかのようで、あとはインタビュイーの語ったプロトコルの羅列とその解釈的分析に終始して、インタビュアーとインタビュイーの接面で生じていることに踏み込もうとするインタビュー研究はほとんどありません。そしてそこにインタビュアーの当事者性を論じる構えは少しもみられないのです。

患者のＱＯＬ（生活の質）に関する看護研究も似たような状況にあります。本来は看護師が一人ひとりの患者の接面からその苦悩や葛藤や困り感を感じ取って、それぞれの患者にとってのＱＯＬにつなげるはずのところで、実際には患者一人ひとりとの接面を消し去って、アンケート調査の結果から得られた一般的ＱＯＬに還元してしまい、医療サイドからみた患者のためのＱＯＬにとどまって、患者の求めているＱＯＬに迫ることができずにいます。

行動科学は、障碍のある人や不適応を示す人の負の行動（研究者側からみた負の行動）をいかに低減するかという視点から、そのための対処法を考え、対処マニュアルを作成することによって実践現場に強い影響力をもつに至りました。この流れに沿った研究は接面で生じていることを括弧に入れたまま、表に現れた負の行動をいかに制御するかという観点を崩そうとしません。しかしそのような対処マニュアルを実践現場が求めているのも事実でしょう。けれども一旦そのような対処法が看護や支援の実践の場にもち込まれると、患者の苦しみも痛みもある尺度上の一点に押し込められ、その尺度上の点の意味に即して対処法を編み出せばよいことになってしまいます。そしてそういう対応がたび重なるにつれて、患者の苦しみや痛みに人間として接し、そこに共感することが患者の癒しにつながるという、かつての看護の本質はいつのまにか見失われてしまうのです。

同じことは発達障碍の領域でもいえるでしょう。発達障碍のある子どもが何に困り、何に行き詰っているかを実際に接面で感じ取ることなく、障碍名と障碍特性がわかれば既存の対処マニュアルに沿って対応すればよいという、一見明快な対応に終始して、結局は本人や家族の悩みや苦しみは置き去りにされたまま、負の行動が減ることをもって療育の成果だと語られていくのです。そのような療育の姿勢からは、障碍のある子どもも本人が自分の人生を苦しみながら懸命に生きている姿がほとんどみえてきません。

繰り返しますが、養育であれ、保育であれ、看護であれ、人を相手にする実践や臨床のほとんどはこの接面で起こっていることに基づいて展開されています。にもかかわらず、対人関係を問題にするはずの人間諸科学は、実践の要になっている「接面」を取り上げないどころか、それを無視するか回避する姿勢で臨んでいるようにみえます。それは、それほど客観主義パラダイムが頑健で、そのエヴィデンス主義の圧力に抗しきれないからでしょう。ここに、接面を排除する客観主義パラダイムと接面を取り上げる接面パラダイムとの違いを明らかにする必要が生まれます。

第3節　客観主義パラダイムと接面パラダイム

この二つのパラダイムの違いを明確に意識したのは、『なぜエピソード記述なのか』[1]においてでした。この著書の冒頭に述べた一文はかなり明確に二つのパラダイムの違いを実践と結びつけて考えようとしています。そこでその一文を少し簡略化して再掲してみましょう。

客観主義パラダイムと接面パラダイムの違い（前掲書2頁）

「行動中心主義」は確かに実践に携わる人には（そして保護者にも）わかり易いものです。特に自分は何をすればよいのか、関わる相手に何をしてあげればよいのかというように、「なすべき行動」を明確に示すことを求める人、あるいは「なすべき行動のマニュアル」を求める人にとっては、この「行動中心主義」は課題解決の道筋を示すもののようにさえ思われるかもしれません。

人を外側から見れば確かに「行動」が捉えられます。けれども、行動を（行動だけを）取り上げることによって、人と人が関わり合うときに生じていることを真に掬い取っていることになるでしょうか。ここで、「人と人の接面ではいったい何が起こっているのか」と問うてみるとよいと思います。人と人の接面に自分が当事者として関わってみれば、その接面では単に相手がこう言った、こうしたという行動だけでなく、相手の心（情動）が動いていることがまず掴みとれ、また自分の内部でさまざまな心が動いていることが実感されるはずです。その接面でのお互いの心の動きこそ、人と人の関係の機微をなしているもののはずです。それを取り上げずにすませられるものでしょうか。しかしそこで生じている双方の心の動きは目に見えるものではないので、それを客観科学が言うところのエヴィデンスとして示すことはできません。

ここに一つの大きな岐路があるように私には思われます。つまり、接面で生じている目に見えない心

[1] 鯨岡峻『なぜエピソード記述なのか』（東京大学出版会、二〇一三）

の動きを当事者の立場で捉えて、その関わりの機微に入り込み、そこから人と人が共に生きることの意味を考えようとしていくのか、それとも、その接面に生じていることを無視して、あくまでも人と人の関わりを第三者の観点から行動的相互作用としてのみ見るかの岐路です。

客観科学は当事者性を排除して、無関与の立場の研究者が研究対象を常に外側から見るところに成り立つ学問です。ですから、客観主義を標榜する人間諸科学も、この第三者の視点を守ろうとし、当事者の視点を無視ないし排除しようとしてきました。そしてその学問の客観主義の姿勢が実践の現場にも持ち込まれるために、その実践の動向が行動中心主義に大きく傾斜してきているように見えるのです。私はそこに現在のさまざまな実践の場の危機があると見ています。実践の場は、何よりも人と人の接面で生じている心と心の絡み合いの機微から次の展開が生まれていく場です。実践者はその接面に関わる当事者として、相手や自分の心の動きを感じ取り、それによって相手への対応を微妙に変化させて関わっているはずです。それなのに、なぜその接面で生じていることを全て無視して、行動と行動の関係に還元する学問の影響をこれほどまでに安易に受け入れてしまうのでしょうか。実践の営みを客観的に書いた記録、あるいはデータにまとめられた資料は、本当に実践者に実践のアクチュアリティを伝えているでしょうか。

上に述べたことを踏まえ、以下の図1を参照しながら二つのパラダイムの違いを解説してみます。

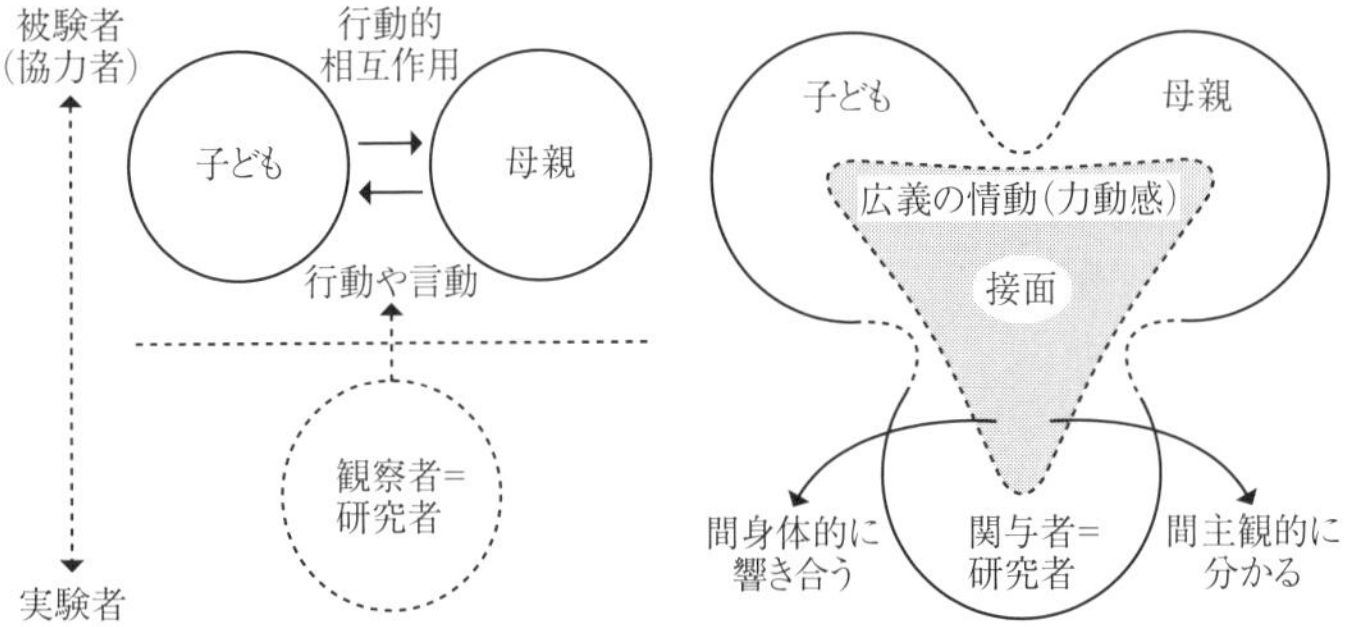

A. 客観主義（行動科学）パラダイム　　B. 接面（関与観察）パラダイム

図1　客観主義パラダイムと接面パラダイム

客観主義パラダイムと接面パラダイムの相違

客観主義パラダイムは図1のAに示すように、観察者が無関与で無色透明であることを前提とし、さらに観察者は研究対象（被験者＝協力者）から距離をとり、研究対象を外側に見て、目に見える研究対象の行動や言動をもっぱら記録するという態度で観察に従事するという枠組みです。

これに対して、私が取ろうとする接面パラダイムは図1のBに示すように、関与者は関与者と関与対象とで作る接面の一方の当事者であるということを前提とし、「その接面でいったい何が起こっているか」を関与者自身の身体を通して感じ分ける態度で関与観察に従事するという枠組みです。これは保育や教育や看護や介護のように人が人に接する実践の立場にぴったり重なるはずです。

この二つを対照してみると、前者は**接面を消し去ることで**客観主義の枠組みを遵守し、観察者の代替可能性の条件を満たし、それによって、あくまで観察対象の行動や言動を客観的に明らかにすることを目指す枠組みです。つまり観察者＝研究者は黒衣で、観察者は観察対象の外側にいて、そこで何も感じないということが前提されています。これは自然科学にとってはきわめて自然な枠組みですが、人が人について研究する際にふさわしい枠組みであるかどうかは大いに問題です。というのも、研究者は人間なので、観察対象を前にすると、必ずそこで何かが感じ取られるはずで、その限りでそこには何らかの水準の接面が成り立つと思われるからです。それにもかかわらず、人間諸科学の多くは観察可能な行動だけを追い求める形で客観主義の枠組みを遵守する道を選び、接面で起こっていることを無視ないし排除しようとしてきたのでした。

他方、後者の「接面パラダイム」は接面の一方の当事者である関与観察者自身（実践者自身）がその接面で起こっていることを自らの身体を通して感じ取ることに重きを置く枠組みです。私のこれまでの著書で繰り返し議論してきた、**関与観察者自身に「間身体的に響き合う」「間主観的にわかる」という事態は、まさにこの灰色で示された接面に生じていることを取り上げようとしたものであり、それは関与観察者が接面の一方の当事者であるからこそ浮上してくるものです。**

さらに後者の接面パラダイムは、関与者＝研究者の位置に実践者がくると考えれば、実践者と実践対象との関係にそのまま引き写すことのできる枠組みです。保育や教育であれ、看護や介護であれ、あるいは心理臨床であれ、人が人に関わる実践の場では必ずや「接面」が生まれ、そこで生じていることがその実践の中身になります。というより、接面で生じていることこそ、実践の展開を左右する本質的な問題のはずです。接面で生じているのは、目に見える行動や言葉だけでなく、目には見えない相手の心の動き（情動の動き）、自分の心の動き（情動の動き）、さらにはその場の雰囲気といった、接面の当事者には感じ取ることができても、接面の外部にいる第三者には感知できない力動感の沁み通った豊饒な何ものかです。

ですから、実践者が自分の実践の営みを明らかにしようとするとき、前者の客観主義パラダイムよりも、後者の接面パラダイムの方が明らかに日々の実践の実態に即していると思われるところです。にもかかわらず、実践者たちは前者の客観主義パラダイムに準拠した行動科学の言説に振り回され、マニュアルを求めて肝心の接面の重要性を見失いかけています。これが実践の中身を人間味の薄いものにしてきているると思います。

二つのパラダイムの違いを**「接面を無視ないし消去する枠組み」**と**「接面で生じていることを重視する枠組み」**に区別してみると、この二つのパラダイムがいかに相容れないかがわかり、またそこからいろいろなことがみえてくるはずです

ともあれ、AとBの相違は、何よりも接面があるかないかの違いです。それが直接観察可能な行動に観察内容を限局するのか、関与者に感知される情動の動きをも観察内容に含めるかの違いにつながり、ひいては、「間主観的にわかる」を問題にできるかできないかにつながります。

私がいま関わっている保育実践を例にとれば、保育実践はまさに図1のBのように「接面」から把握されるものを中心に営まれていることがわかります。保育の世界で「子どもの気持ちに寄り添って保育をせよ」と語られたり、「子どものつぶやきに耳を傾けて保育をせよ」といわれたりしてきたことが、実はこの灰色部分の接面で起こっていることを重視しなさいという教えだったと理解することができます。教育の世界でも看護の世界でも同じことがいえるでしょう。そして実践者に接面で感じ取られたものを基に、子どもの思いがつかめた、子どもの心のつぶやきが聞こえたと思われた経験を他者に伝えるためには、その経緯をエピソードに書かなければならないということが浮上してきます。

観察者の代替可能性を認める立場と関与者の当事者性を認める立場の違い

パラダイムを巡る議論は、観察者の代替可能性を必須の要件とするか、関与者の当事者性を前面に押し出すことを認めるかの相違に帰着します。そしてそれがエヴィデンスの理解の相違に通じています。

①行動科学において観察者はなぜ代替可能でなければならないのか

行動科学では、観察によって得られたデータが客観的なデータ（エヴィデンス）であるといえるためには、観察結果が観察者に左右されないことがまず要件になります。要するに「誰が観察をしても観察の手続きが同じなら同じ結果が得られなければならない」というのが観察者の代替可能性という表現で狙われていることです。これはデータの再現性と並んでこの客観主義パラダイムの屋台骨として、行動科学の観察の枠組みのなかでも欠かせない条件であるとされてきました。

上記の条件を満たすためには、観察者は観察対象を正確に記録するだけの、目にまで還元された透明な身体をもたない存在にならなければなりません。そこに観察者の個別性や固有性が入り込んだのでは「誰がやっても同じ」を保障できないからです。そしてそれを徹底するためには、観察対象を固定し、観察する対象の属性をあらかじめ決めて、その属性が「あるか、ないか」といった単純な判断を求めるような観察を考えなければならなくなります。

②関与観察（接面パラダイム）では観察者は代替可能ではない

研究者の関与観察であれ、実践者の実践しながらの観察であれ、接面が問題になるところで観察に従事する人は、その人の主体としてのありようが常に問われています。つまり、その人がそれまで観察対象とどのように関わってきたかの歴史はもちろん、その人がどのような価値観をもって生きてきたか、どのように周囲の人と対人関係を取り結んできたかが問われます。人と人の接面に生じたある出来事について、その接面の一方の当事者に一つの意識体験が立ち上がるのは、その当事者の主体としてのありよう（固有性）がすべて動員された結果だからです。ですから、観察者が代われば、立ち上がる意識体験も、また描き出されるエピソードも当然異なり、またメタ観察も異なってきます。「誰がやっても」は当然ながら満たすことができません。

そして、関与観察で取り上げられるのは、ある出来事が当事者に「図」になった限りでの意識体験です。ということは何を観察するのか、いつ観察が開始されるのかを予告することができないということでもあります。この点も客観的観察と鋭く対立するところでしょう。そして意識体験をエピソードとして書くということは、その意識体験を想起し、それを「いま、ここ」に再現前化して、それにメタ観察を加えてそのメタ意味を考察するということです。客観的観察にとって観察と記録とがほぼ同時進行するとみなしうるのに対して、関与観察は常に事後のものとして記録されるという点も、両者の相違点と考えてよいでしょう。

整理すると、関与観察は、（1）関与観察に臨む人が「固有性を抱えた主体である」ということに立脚し、その関与観察主体の意識に「図」として立ち上がったある出来事についての意識体験を出発点にしている。（2）それゆえに関与観察者は他の人と代替できない。関与観察者が異なれば、図となるものが異なり、同じ観察結果になることは想定できない。（3）関与観察者は、関わりのなかでその生身の身体が感受するものを観察の重要な要件とし、とくにそこでの情動の動きや間主観的に捉えられるものを重視するので、その意識体験の記述には、必ず「私は○○と感じた」「私は△△と思った」という一人称の主観的記述が入り込む。

このように関与観察の特徴をあげてみると、それらがいかに客観科学の観察の枠組みとは相容れないかは今や明らかでしょう。

③関与観察者（実践者）は接面の当事者である

関与観察者であれ、実践者であれ、その人は接面に接する当事者の一人です。その人が接面で起こっていることに関して何かの記録を残すことができるのは、その人が接面の当事者だからです。前項で関与観察者（実践者）の固有性を取り上げましたが、それはこの接面の当事者であることと切り離すことができません。当事者であるからこそ、そこでの記述に一人称が入り込むし、また入り込まざるをえないのです。そしてそのことが読み手に対してもつ観察内容のインパクトと深く結びついています。「〜である」という傍観者的な記録ではなく、「私にはこう思われた」「私にはこう感じられた」という関与観察者の事態の受け止め方は、当事者としての情動を伴った一つの言説として読み手に供されるからこそ、読み手に深いインパクトを与えうるのです。

客観科学は研究者が当事者であることを忌避してきました。当事者性を前面に出した客観的研究はありえないと考えられてきたからです。しかし、接面パラダイムに即して考えれば、当事者であるがゆえにみえてくる世界があり、それは直ちには一般性を示すことができないかもしれないけれども、当事者である自分の体験を綴ったエピソードが読み手の心を揺さぶり、読み手にインパクトを与え、深く了解されるならば、それは研究として意味あるものになるのではないでしょうか。接面パラダイムはこの上に組み立てられるものです。

第４節　明証的（エヴィデント）であることをめぐって

これまで客観科学が厳密な学問として信奉されてきたのは、それが不可疑のエヴィデンスに則ったものと考えられてきたからです。しかし、ここでまず考えられなければならないのは、何をもって明証的（エヴィデント）であるとみなすかです。

行動科学（客観科学）にとっての「明証的」の意味

行動科学を含む客観科学では、計測されたもの、数値化されたものがエヴィデンス（紛れもない明証的事実）の必要条件であると考えられています。それは観察されたものの客観性を保証し、「誰が観察しても」という観察者の代替性の条件を具現し、観察されたものの再現性に通じるものだと考えられているからです。この枠組みの下で得られた客観的データは、万人にとって「紛れもないもの」「不可疑のもの」という意味をまといます。これが客観科学にとっての「明証的である」ことの意味です。言い換えれば、客観科学にとって明証的であるとは、データを得る手続きの客観的厳密性（観察者の代替性に集約される「誰がやっても」という観察の性格）と、そのデータから導かれる結論の一義性（誰がやっても同じ結論が導かれるという意味での一義性）のことだといえます。それゆえ手続きさえ明確化されれば、計測されたもの、尺度化されたもの、カテゴリー化されたものから導かれた結果はそのままエヴィデンスだといってよいことになります。

接面パラダイムにとっての「明証的」の意味

接面パラダイムに立つ研究はエヴィデンスを示すことのできない枠組みであるから科学ではないと論難されてきました。しかし、接面パラダイムに立つ研究も学問を目指す以上は、何かのデータを示して、そこに客観科学とは異なる意味での明証性を打ち立てることができなければ学問ではないと揶揄されても仕方がありません。そこで以下に接面から得られた具体的なエピソードを示して、接面パラダイムでは何をもって明証的である（エヴィデントである）と考えるかを明示してみたいと思います。

エピソード：「一回余分に洗濯をすればすむことですよね」　筆者

〈背景〉

その養護学校は、保護者が子どもを連れて学校に通ってくることになっており、小学部に20名程の子どもたちがいました。私は月一回の頻度でそこに通い、子どもと教員のコミュニケーションの様子を、ときには自分もわずかばかり関わりながら、観察させていただいていました。

エピソードに登場するAくんは小学校の3年生で、当初は私が注目して見ようと思っていた子どもではありませんでした。そのAくんが気になりだしたのは、毎月出かけるたびに、Aくんとお母さんの厳しいやり取りを目撃することになったからです。ある訪問時、ふと見ると、Aくんは走ってどこかに行こうとし、その後をお母さんが怖い顔をして追いかけ、Aくんをつかまえると、お母さんはAくんの肩をつかんで何やら厳しい調子で話しかけています。するとお母さんの手を振り切るようにAくんは走り出し、またお母さんが追いかけます。そしてお母さんの口から、『ウンチは！ ウンチでるでしょ！』と鋭い声がかかります。それで、どうやらお母さんはAくんにウンチを促しているのだけれども、Aくんが嫌がって逃げているのだということがようやくわかってきました。職員の方にうかがってみると、小学部に来て以来、朝はたいていこうですという話でした。そして、次の月も、その次の月も、同じような光景を目の当たりにして、私自身、気が重くなるのを禁じ得ませんでした。それから月一回の訪問を繰り返して数カ月ほど経ったときのことです。

〈エピソード〉

その月もその養護学校を朝方に訪問しました。しばらくするとAくんがお母さんと一緒に登校してくるのが見えます。ところが、お母さんの表情がいつになく明るく、Aくんも逃げ回る雰囲気ではありません。毎月訪れるたびに、眉を吊り上げて「ウンチはまだなの！」と血相を変えてAくんの後ろを追いかける姿ばかりを見てきて、私の内部でも何とか排泄の躾がならないものかと思い始めていましたから、それまでの姿と今日の姿との落差の大きさに驚き、それまで一度も声を掛けたことがなかったのに、思わず、「お母さん、何かいいことがありましたか？」という言葉がつい口をついて出てしまいました。

お母さんは私がときどき学校を訪問していることに気づいておられたかもしれませんが、もちろん私と言葉を交わしたことはありません。そのお母さんが、うちとけた感じで笑顔になり、「まあ、先生、聞いて下さいよ。私って、ほんとうに馬鹿ですよね。なぜもっと早くこのことに気がつかなかったのでしょう。Aのウンチの排泄にこだわって、『ウンチ、ウンチ』と言い続けてきたんですけど、考えてみれば、失敗しても一回余分に洗濯をすればいいだけですよね。電車の中で失敗しても、私が周りの人に『ごめんなさい、うちの子こんなで嫌な思いをさせましたね』って謝ればすむことですよね。どうしてこんなことにもっと早く気がつかなかったのかしら」と微笑みを交えながら一気に語ったのです。
それを聴いた私は、胸を突き上げてくる感動と、込み上げてくる涙を必死にこらえて、「そうだったんですか〜」としか言葉を返すことができませんでした。

〈考察〉

9歳になってもまだ我が子はウンチの躾ができていない、何としてもこの躾を、このように思ってこのお母さんは生活をしてきたのでしょう。子どもを学校に連れてくるあいだに、電車の中で失敗して周囲に迷惑をかけないだろうかという心配、また失敗して洗濯をしなければならない憂鬱な気分、それよりも何よりも、他の子がもうとうに通過している関門を我が子だけが通過していない悔しさ、焦り、そしてそれに結びついた自分のプライドの傷つき。障碍のある子どもを抱えれば、親として多かれ少なかれ経験する苦悩を、このお母さんも抱き続け、それが日々の生活にも跳ね返っていたのでしょう。何としてもAの排泄の躾を、というお母さんの思い詰めた気分が、前回までの、沈んだ怖い感じの表情でAくんを追いかけまわしていた姿につながっていたのに違いありません。
その苦悩が限界に達して、子どもを何としても変えなければ生活が変わらないというその構えが突如として反転し、自分が変われば生活が変わるということに、ある日忽然と思い至ったのでしょう。その境地に至って見れば、「そんなことにこれまで気づかなかったなんて、馬鹿じゃない」と思えるほどのこと、しかしそこに至るまで、余所の親よりも7年も余分に格闘してこなければならなかった現実、そんな思いがこのお母さんを前にして私の頭の中を一瞬にして巡り、私は言葉にならない深い感動を覚え、思わず涙が込み上げてくるのを必死で耐えたのでした。

人はよく、「子どもの障碍を親が受け入れないから子どもとの関係が改善しないのだ」などと軽々しく言いますが、私はそれはどうだろうかとずっと疑問に思ってきました。その人の置かれた立場に身を寄せたときに、そんな軽い言葉を外部にいる人間が軽々に口にしてよいものだろうかと思われたからです。しかし、障碍を受容できないことで親子の関係が難しくなる場合があることも確かで、Aくんがお母さんを避けるようにして逃げ回る姿は、その関係の難しさを如実に示していました。その関係の難しさが何とかならないかと思いながら、しかし、気にはなっても普段から付き合いがあるわけでもなく、どうしたものかと思うだけだったのです。

その一カ月の間に何があったかわかりませんが、とにかくこのお母さんは「子どもを変えなければ」というそれまでの構えから、「自分が変わるのだ」という新しい構えへと急にワープしました。この態度変容は、これまで自明になっていた自分の価値観（つまり、排泄の躾ができて、うちの子も余所の子と変わらないかたちで成長を遂げられるはずという世間一般の親の願いに通じる価値観）が崩れ、新しい価値観（子どもは今のままでもよい、自分が考え方を変えて生活していけばよい）へと組み直されたからこそ、達成されたものでしょう。しかしそのためには、我が子はやはり余所の子どもとは違うのだという現実の容認、周りの人と同じように生活したいという思いの断念を経なければならなかったはずです。それがどれほど苦しかったことか計りしれません。人が変わったように明るくなった裏には、想像を絶するような苦しみ、ある意味での絶望をくぐりぬけなければならなかったに違いありません。人が生きるとは、そういう苦悩を生きるということなのだとつくづく思います。ホモ・パシエンス（人間、この苦悩するもの）とは、『夜と霧』を著した精神科医のフランクルの言葉ですが、その学校からの帰りの電車の中で、その言葉がそのときのお母さんの姿に重なりました。

①「私」に実感されるものとしての明証性

「一回余分に洗濯をすれば……」と笑顔で語るこの母親の様子に、私は深い感動を覚え、涙をこらえるのに必死でした。そしてその感動体験を他者に伝えたくてこのエピソードを書きました。というのも、これは一つの事例がこうであったという事実を越えて、人の生の本質を抉り出す意味合いをもっているものと私に直観されたからです。その母親との接面を生きる私にとって、この「図」となった出来事は、少なくとも私にとっては紛れもない真実の出来事であるという実感、つまり「その出来事はまさにこういうことだった」というように、自分にとってのその出来事の不可疑性と、さらにはそれが自分に強いインパクトを与えたことの実感性、つまり「そのとき私はこのように強く心を動かされた」という強烈な情動的実感性が、その意識体験が少なくとも私にとって「明証的」であるということの意味だといえます。つまり、起こった出来事の事実性と、私の得た感動の実感性は、少なくとも私にとって「紛れもない不可疑のものである」という意味で、「明証的」なものだったということができます。

ここでまず確認しておかなければならないのは、客観主義パラダイムでは、手続きさえ完璧であれば、データを得た時点で、すでにそれは「万人にとって」明証的である（エヴィデントである）と考えられている点です。これに対して接面パラダイムでは、得られた意識体験が当事者にとっては明証的であっても、それが他者にとっても明証的であるかどうかは、その時点ではまだ何ともいえません。というのも、当事者の得た意識体験は当事者以外の人には見えるものではないからです。他者にとっては、その意識体験がエピソードに描かれ、それを読むまでは、そのようなことがあったのだということさえわかりません。

②メタ意味が自分にとって明証的であること

このエピソードで私は、「オムツが取れない」ということがある人の人生にとってどういう意味をもつかに関して、それまでの常識的な見方を覆されるほどの意味、もっといえば、人の生の本質を洞察することに通じる意味をこのエピソードに見出すとともに、障碍のある子を抱える母の苦悩の奥深さを併せて深く味わわせられました。私にとって、これがこのエピソードに対するメタ意味ですが、それは単なる一つの抽象的、思弁的な認識ではなく、私にとってはそれまでの常識的な世界の見方が還元され（現象学がいう意味で）、急に世界が違って見えるかのような実感を伴った、「まさにそうだ」という確信をもたらすメタ意味でした――フィンクが現象学的還元を「世界を前にしての驚き」と語ったことが文字通り私に起こったのです。

自明性のなかに生きている日常が、何かの出来事によってさっと裂け、その裂け目からそれまで隠されていた次元が見えてくるというような感覚（いわゆる「目から鱗が落ちる」というような感覚）は、考えてみれば、現象学が現象学的還元の名の下に行おうと試みてきた、自明な判断や憶見を括弧に入れる試みと同根のものであるといえるのではないでしょうか。それが哲学者の反省の努力によって観念のなかで明らかにされるのではなく、ごく平凡に生きている母親によって、その生の真っただなかで身に迫られるかたちでなされたのです。そのときの私の実感に照らせば、この意識体験から導かれたメタ意味（人の生の本質の洞察）は、私にとってはまさに紛れもない不可疑のもの、手応えをもった真実、つまり明証的真実として実感されたものだといっても過言ではありませんでした。

③他者にも了解可能だと確信される時点での明証性

そのようにして、あるエピソードから私に一つのメタ意味が捉えられてみると、そこからそれまでに得たさまざまな経験が振り返られ、それに類することがいろいろあったことに改めて気づかされます。そのときこのメタ意味は、他の読み手にも了解してもらうことが可能な意味として、私に捉え直されてきます。そのつまり、さしあたりは私という一人の主体の内部に紛れもない不可疑の確信や納得として生まれたそのメタ意味が、他者にも了解可能な、他者にも同じようなインパクトをもつ可能性をもったメタ意味として私に捉え直されてきます。そのとき、それはいまや私一人の確信や納得を超えたものになり、それゆえに、何としてもこのエピソードを他者に伝えたいと思わずにはいられなくなります。

つまり、私がこのように心動かされたという私個人の明証的な確信や了解を超えて、その出来事から得られたメタ意味が他の人にも十分了解されうるという確信を得たことが、その時点での私にとっての「明証的」の意味だったといえます。ただし、私個人が得た実感としてこの明証性、しかも、他の人にとっても明証的であるはずだという私のこの明証性についての確信（信憑）は、本当に他の人々になるほどと了解されるまでは、いまだ私の内部にとどまっているといわなければなりません。それが本当に多くの人にとっても「明証的である」といいうるためには、実際にその意識体験がエピソードに描かれ、それが実際に多数の他者に読まれて、これは納得できる、このエピソードは読み手の自分にも大きなインパクトを与えたといってもらうことが必要です。それまでは私の得た実感性としての明証性はいまだ他の人にとっての明証性とはいえません。

④読み手にとっての明証性

さて、ある人の書いたエピソード記述を〈背景〉から読み進めてきた読み手は、〈エピソード〉、〈メタ観察（考察）〉と読み進めていくなかで、次第に書き手に自分を重ねて考えるようになり、書き手の得た感動とインパクトに類するものが自分にも感じられてくることがあります。読み手がいわば書き手に成り込んで感動し、うれしく思い、あるいは疑念をもつということが起こりえます。そして読み手がそこで自分のこれまでの人生を振り返ったときに、書き手の得たインパクトに関して、読み手なりの紛れもない感じ、なるほどと深く頷く感じになったとき、その心の揺さぶられる様を読み手にとっての一つの明証的真実と考えることができます。「なるほど、そういう感動だったのだ」という実感を踏まえた了解です。つまり、心が揺さぶられたという書き手の感動への了解がある深さをもって読み手に実感されたとき、その時点で書き手の得た感動の明証性（紛れもない不可疑性）は読み手にとっても明証的であるといえるのではないかということです。

次に、読み手は書き手が導いたメタ意味に読み手自身の考察を加え始めます。書き手がメタ観察を行う時点で、書き手は次第に「この私」をはみ出した、「他の人にとっても」という超越的な立場に身を置こうとし始め、その視点からメタ意味を書く部分が加味されてきていました。読み手は書き手のそのようにして導かれたメタ意味を、まずは書き手の側に自分を重ねて了解しようとし、次には自分の立場に立ち還って、その意味を吟味しようと努めます。そして書き手の導いたそのメタ意味が自分にとっても十分に了解できる、納得できると実感のレベルで思われたとき、その了解は、自分だけではなく「これは他の人にも当てはまるはずだ」と思われた分だけ、より一般化できることを展望しながらの了解になったといえます。その限りで、読み手自身の了解に「紛れもない了解、躊躇するところのない了解」という意味での明証性があるということができます。

このように、接面で得られた意識体験が明証的であるとは、書き手の得た明証的確信から、読み手の得た了解が明証的だという確信を経て、広く他の読み手にもその了解可能性が拡がることが確信できるときに初めていえることです。これが接面パラダイムにおける「明証的」の意味です。そしてその際、その「紛れなさ」「不可疑性」が書き手や読み手にとって、「なるほど」「そうだ」と実感されていることが、この立場の明証性のポイントだということができます。どんな場合でも絶対の不可疑性や絶対の紛れなさをいおうとしているのではありません。実感の深さはいろいろな水準でありえます。自分にとって納得のできる水準においてという意味です。

行動的人間科学の立場と私の立場の「明証的」の意味の相違

ここで客観主義パラダイムに再度立ち還ってみると、行動科学的人間科学（客観科学）にとっての明証性は、観察から得られるデータの明証性、データから導かれる結論の明証性というように、研究者が自分の得た一つの認識を他の人に供する手前のところで、すでに明証性は達成されたものとして完結しています。**ある意味で、客観主義パラダイムは他者（読み手）を必要としていないのです。**もしもその明証性に疑問があるとすれば、それは観察の手続きの不備（刺激統制の不備、反応項目の特定の不備など）か、得られたデータから結論を導く過程の不備だと考えられ、追試によって結果が覆されるはずだとされます。それゆえにその明証性の内実は、データを得る手続きへの不可疑性、したがって、得たデータの不可疑性、そして導かれる結論の不可疑性というように、仮に万人に供されても、万人が不可疑だとみなすはずだと考えられる限りにおいて、実は万人に供される以前に「万人にとって」明証的であるとされていることになります。

これに対して接面パラダイムの場合、エピソードが書かれた時点で書き手に実感された明証性は、いまだ「私にとって明証的である」という意味にとどまっています。そのエピソード記述が読み手に供され、読み手の了解を得るまでは真の意味で明証性を得たということはできません。もちろん、書き手は最初の読み手でもありますから、自らのメタ意味を導いた時点で、他の読み手の一人に自分を置き換えて振り返り、それが他の読み手にも十分に了解可能であることを自分なりに吟味しているはずです。したがって、書き手がメタ意味を得た時点で、すでに一般的な了解への「確信」をある程度はもっているはずです（それがなければそれは明証的確信とはいえないでしょう）。しかし、最終的には多くの人に供され、多くの読み手に「そうそう」「なるほど」と納得してもらえたときに初めて、このメタ意味は多くの人にとって明証的であるといえることになるのです。

まとめると、私の考える明証性（つまり、接面で得られる意識体験の明証性）は、たくさんの事例に共通項を探り当てるかたちで行き着くものではありません。ですからグラウンデッド・セオリーやKJ法などの質的研究が考えるような導かれたカテゴリーの明証性とは異なります。それは個々の事例の意味を追い求めるというより、多数の事例の共通項を見出す試みだからです。私の場合、むしろたった一つの事例、たった一つの意識体験であっても、その意識体験とその意味がその体験の当事者の心の奥底を、あるいはそのエピソードを読む多数の読み手の心の奥底を強く揺さぶり、「なるほどそうだ、わかる」と得心のいくかたちでの了解をもたらせば、その意識体験は明証的であるといえると考えます。つまり、明証的とは、想像上の抽象的かつ可能的な「万人にとって」のものではなく、生身の人間一人ひとりにとって、実感のレベルで、「なるほど」「納得できる」と感じられるものではないかということです。

実際、一つのエピソードとの出会いが私の心を強く揺さぶり、今まで見えなかった自分の足元が一挙に照らし出されたようなインパクトが与えられる意義深い出会いだったとき、それはまさに明証的な真実を手にしたというような、あるいは生きることの真実について或る啓示を得たというような強い感慨に襲われ、私は震撼し、まさに「生きられる還元」を迫られたと思わずにはいられません。そのような意義深い意識体験との出会いこそ、そして心の深い次元が揺さぶられたと感じられたときの意識体験こそ、私の求める明証的真実です。そしてそれはさしあたりは「私にとっての」明証的真実ですが、それが多くの読み手にも「なるほどそうだ」と確信をもって了解されるときに、真に明証的であるという意味を獲得するのだといえるでしょう。こうして、明証性をめぐって、私の接面パラダイムと客観主義パラダイムの理解の仕方の違いが浮き彫りになります。

第5節　接面パラダイムの素朴な認識論

接面で起こっていることを他の人にわかってもらうためには、それをエピソードに描かなければならないと述べてきました。このように、私の考えるエピソードは、出来事の正確な報告などではなく、最初から読み手を想定し、読み手にわかってもらおうとして書くものです。そこに、ある人の得た体験をいかに他者が理解できるのかという、**「読み手の了解可能性」**という難しい問題が浮上します。

保育をはじめとする実践の場では、そこで得た当事者の体験はたいていの場合、接面での生き生きした力動感に支えられているので、それを素直に書けば、同じ実践の立場の読み手にはたいてい理解してもらえるはずです。ただ、書き手は自分の接面の体験を素直に書いたつもりでも、そこには自分の積み重ねてきた自分固有の保育経験や自分の人生経験が折り畳まれていて、それが接面で起こっていることの切り取り方、そこでの思いの湧き起こり方や感じ方を決めています。そこは接面の当事者としてなかなか意識できないところで、〈メタ観察＝考察〉において普段は意識されないところまでその体験を振り返ることができるかどうかが、読み手の了解可能性に響いてきます。

同じことは読み手の側にもいえます。読み手もまた単に書かれたエピソードを読み、そこに書かれていることの意味をそのままそれとして理解すれば終わりなのではありません。他の人の書いたエピソード記述を読むとき、読み手はまずは書き手が用意した〈背景〉や〈考察〉を手がかりに、書き手の言わんとするところを了解しようと努めますが、それと並行して、書き手の体験に触発されるようにして、読み手自身のそれまでの経験がそこに呼び起こされ、それがエピソードの中身と照らし合わされるようになります。つまり、エピソードを読んで、読み手は身につまされたり、深く共感したり、感動したり、さまざまな感情が読み手の内面に湧き起こり、それに従ってそのエピソードが了解できたりできなかったりします。

ですから、エピソード記述はそれを正しく読解すれば誰もが同じ一つの理解に到達するというような一般的な了解可能性を追い求めているのではありません。そういうとすぐさま客観主義パラダイムは、だから接面を取り上げる試みは曖昧なのだとか、あやふやで信じるに足らないなどと言い立てて、接面パラダイムを否定しにかかります。それは自分の客観主義パラダイムが正しいと信じるところからの論難です。しかし、その客観主義パラダイムでは、接面で起こっていることは最初から取り上げることができないのですから、それを取り上げる枠組みを取り上げない枠組みの立場から批判されるいわれはありません。ですから、問題は曖昧かどうか、あやふやかどうかではなく、どのような意味で一つの了解が読み手に生まれるかなのです。これはまた難しい問題ですが、この点については『エピソード記述を読む』〔2〕に手がかりになることを書いていますので、ここでその文章を少し簡略化して再掲してみます。

そこからまず言えることは、一人の読み手にそのエピソード記述が了解可能であるということが、書き手と読み手のあいだで、あるいは読み手同士のあいだで、その了解内容に関して厳密な同一性を求めることでは必ずしもないということです。そのことについては、つぎのような比喩で理解できるのではないでしょうか。

ある人（書き手）にとって、出会われたある事象は、一つの石が池に投げ込まれたときのように、その人の「心の池」に波紋を広げます。それがその人のその事象から得た感動や素朴な意味に他なりません。そこでその人は自分の「心の池」の波紋の広がる様子（つまりその感動や意味）を他者に伝えたくなり、それをエピソードに書き表します。それがエピソード記述です。その書かれたエピソード記述は、今度は読み手の「心の池」に投げ入れられる「石」になり、読み手の「心の池」に投げ込まれたその「石」は、そこにその読み手ならではの波紋を広げます。というのも、「心の池」が書き手のそれと読み手のそれとでは形状も大きさも深さも異なっている可能性が多分にあり、また読み手同士のあいだでも相互に違っている可能性があるからです。年齢の違い、経験の違い、考え方の違い、価値観の違い、人格の違いなどの違い、つまり各自の固有性の違いが、その「心の池」の大きさや形状や深さの違いとしてイメージされてもよいかもしれません。それがある程度似通った池なら、そこに広がる波紋も似てくるでしょうし、池の大きさや形状が大きく異なれば、その波紋も随分違ってくるでしょう。あるいは、読み手によっては少なくともそのエピソード記述に関して、その人の「心の池」が蓋をされたままということもあるかもしれません。

そのような比喩を用いれば、ある人の書いたエピソード記述が全く了解されない場合から、いろいろな水準で了解可能な場合まで、かなり広いスペクトラムを想定することができます。そして、その了解の幅を含めて、読み手の「心の池」に何らかの波紋が広がり、それによってその読み手に「何かしらわかる」と了解されれば、それが心理学的に意味あることではないかというのが差し当たりの接面パラダイムの認識論なのです。

書き手の「心の池」に広がる波紋という比喩は、その波紋があくまでも書き手の一人称の体験としてあることを含意しています。エピソード記述は、その意味では従来の客観主義の呪縛から解き放たれて、書き手が一人称の体験をありのままに記して他者の「心の池」にそれを投げ込む試みだと言っても過言ではありません。そしてその石を投げ込まれた読み手は、書き手とは異なる自分の「心の池」に書き

［2］ 鯨岡峻『エピソード記述を読む』（東京大学出版会、二〇一二）

手とは異なる波紋の拡がりを体験し、その読み手としての体験を伝えたくて、読み手が今度は別のエピソードの書き手になるということもあるでしょう。

もちろん、一人称の体験をエピソードに書けば、必ず読み手の「心の池」に波紋を広げるというふうには言えません。まずはそのエピソード記述が読み手の「心の池」を開くことができなければなりません。読み手に書き手の体験が生まれた舞台と同じ舞台に立ってほしいと思うからこそ、書き手は〈背景〉を書き、またエピソードをその状況がわかるように書き、さらにはこのエピソードを書くに至った理由を〈考察〉で述べるのです。そうした条件を整えた上で、それが読み手の「心の池」にどのような波紋を広げるかは、読み手に委ねるしかありません。

しかしながら、もしもある人が本当に心揺さぶられる体験をしたならば、それを丁寧に描き出したものは、多くの場合、不特定多数の読み手の「心の池」に多かれ少なかれ意味ある波紋を広げるものだと私は信じています。というのも、多くの場合、私たちは同じ人間として共に生きる姿勢をもって生きているからです。書き手である私、読み手である読者、あるいは書き手である他者、読み手である私というように、私たちは書き手にも読み手にもなることができ、それぞれの立場で他者の体験に開かれる可能性を持っています。それは一つの文化を共に生きる存在として、私たちが類同性、類縁性をもっているからです。

読み手がエピソード記述を読んだときに、あたかも読み手がその接面の当事者であるかのように思えるなら、書き手はまず自分の用意した舞台に読み手を招じ入れることに成功したといえるでしょう。それは読み手がそのエピソード記述を了解できるための第一歩です。それはまた読み手が自分の心の池に広がる波紋と書き手のそれとを対比して、その波紋の意味を了解できるための条件だといえます。

こうして、書き手の得た体験がまるで読み手である自分のした体験であるかのように思われるとき、読み手は「このエピソードは了解できる」と思えるのです。

第６節　結びに代えて

文化人類学や医療人類学もそうであるように、フィールドにおいて人の生き様にじかに接し、その人の生の声を聴き、その語りの裏に抱え込まれている豊饒な人間的意味を聴き取るという作業は、保育者のエピソードを読み、看護者のエピソードを読み、自らもフィールドで人の生の声を聴いてエピソードを書く作業と同質のものがあると私は考えています。そこには共通して人と人のあいだに接面があります。客観科学としての人間科学は、エヴィデンス中心主義を謳いますが、それが本当に人の心に響き、その人のそれからの生のありように深い影響力をもちうるような言説につながっているでしょうか。

確かにエヴィデンス中心主義には利便性があります。しかし、その利便性は人が生きるうえに欠かせない利便性なのでしょうか。社会が利便性を押し立てる一方で、その陰で人と人が素朴に対人関係を営むことをかえって難しくしているにもかかわらず、哲学までもが利便性を人生に役立つと評価して、時の流れに迎合しているかのようにさえみえます。

接面を重視する人間科学は、むしろそのような行動中心主義、エヴィデンス主義、利便主義に対して、異議申し立てをする気概をもち、あくまでも人が人と関わって生きる様に寄り添い、苦悩のなかで生きることの意義を世の中に伝えることがその使命であると考えます。

参考文献

鯨岡峻『原初的コミュニケーションの諸相』（ミネルヴァ書房、一九九七）
鯨岡峻『関係発達論の構築』（ミネルヴァ書房、一九九九）
鯨岡峻『エピソード記述入門』（東京大学出版会、二〇〇五）
鯨岡峻『エピソード記述を読む』（東京大学出版会、二〇一二）
鯨岡峻『なぜエピソード記述なのか』（東京大学出版会、二〇一三）
鯨岡峻『保育の場で子どもの心をどのように育むのか』（ミネルヴァ書房、二〇一五）

第5章　精神療法におけるエヴィデンスとは何か

小林隆児

はじめに

数年前にある小さな研究会に初めて顔を出したときのことです。児童精神科医が一〇名程度集まり、昨今話題となっている発達障碍の診断について議論が行われていました。そこで報告されていた事例は一二歳（小学六年）の男児で、トイレで用を足すと身体に尿がつくのではないかという恐れが強まり不登校状態になっていることが報告されました。

私がその報告を聞いていて非常に驚いたのは、報告者が患者自身との面接で得た内容をほとんど語ることなく、母親から聞いた話だけで、議論を進めていることでした。もちろん事例によっては患者本人と面接することが難しい場合もありますが、少なくとも初診時には患者も受診して面接を受けていました。でもなぜかそのことにはほとんど触れず、母親の話のみを取り出し、そこで語られた子どもの様子をもとに、どのように診断をしたらよいか、参加者に問題を投げかけていたのです。わざわざ研究会で報告するからには、報告者もそれなりの内容のある事例を準備して臨んだものと思われるのですが、それにもかかわらずこのような内容であったことに私は驚きを通り越して、唖然とさせられました。

患者本人との面接でつかんだ症状や特徴を把握することなく、ただ母親から聴取した内容だけを取り上げて診断を検討することなど、身体医学の世界からみれば信じ難いことでしょう。しかし、今日の精神医療現場で、このようなことはけっして珍しいことではありません。まるで保護者からみた子どもの行動は客観的で重要な特徴だとして取り上げているようにさえみえます。

いまや発達障碍が疑われる事例は、コミュニケーションが困難であることに特徴があるため、面接をしてもあまり意味あるものが得られない。だから家族から得た情報の方が大切だと考えているのではないかと訝りたくなるほどです。たしかに発達障碍が疑われる子どもたちのなかには面接で語ることが少ない例もあるでしょう。しかし、それでも面接場面で臨床医と言葉少ない子どもが相対したとき、両者の間にさまざまなこころの動きが立ち上がるものです。おそらくは臨床医自身、発達障碍を疑う事例においては、必ずこのような場面でなんらかの違和感を抱いているものです。そうでなければ、発達障碍を疑うことなどないでしょう。しかし、違和感といった主観的な事柄は診断を検討する際にはさほど重要なものだとは考えられていないのか、あるいは主観的な事柄は恣意的であるがゆえに捨象されているのではないかと思い知らされました。

このような話は例外的なものではないようです。学会の事例報告を聞いても、同じようなことが堂々とまかり通っています。そこでどのような事態が進行しているかといえば、精神科臨床において患者のこころそのものを真正面から取り上げて議論するということがないがしろにされているということです。

しかし、こうした事態は単に臨床医自身の資質という個人の次元の問題によって生まれたのではないことを強調しておく必要があります。そこには、今日の臨床精神医学という学問（に限らず臨床を生業とする領域すべて）のあり方そのものが深く関係しているのです。

本章で私はこれまでの自身の臨床研究を振り返りながら、精神療法研究におけるエヴィデンスをどのように考えればよいのか論じてみたいと思います。

第１節　自閉症にみられる独特な知覚体験——原初的知覚

自閉症研究でなぜ知覚に着目したか

長年、私は精神科医として、児童精神医学を専門にしながら、教育、臨床、研究に従事してきました。その対象として自閉症を中心とする発達障碍に強い関心をもち続けてきました。私は自閉症［1］の原因論として、当時多くの研究者が賛同した言語認知障碍仮説や脳障碍仮説には与せず、一貫して「関係」とい

［1］最近（二〇一三年）発行されたアメリカ精神医学会による『精神疾患のための診断と統計のためのマニュアル第五版』（DSM－5）では「自閉症スペクトラム障碍」（autism spectrum disorder）と呼ばれていますが、本書では従来の呼称「自閉症」を用いています。ほぼ同じ意味です。

う視点から捉え、臨床研究を蓄積してきました。このような視点の重要性をとくに強く意識するようになったのは、今から二〇年数前に報告した自閉症に関する拙論〔2〕に遡ります。

ある精神科病院の外来で出会った患者です。洋裁専門学校に通う一五歳の女性で、私は自閉症と診断しました。学校でひどく興奮して器物破壊を繰り返すので治療してほしいとの相談でした。彼女の興奮は少量の抗精神病薬ですぐに治まりましたが、私がいたく興味を引かれたのは、その後の面接で彼女が漢字の切り抜きを後生大事に持ち続けていたことでした。もともと小学生時代から彼女は漢字に対して強い興味を抱いていたのですが、思春期に入ってから、なぜか「九州電力」の文字をとても気に入り、その収集に没頭するようになっていたのです。そしてお気に入りの男の子を二人描いて、その顔の部分に「九」と「州」の漢字を貼り付け、その漢字に向かって「『九』くん、『州』くん」と呼び、まるで人間を相手にしているように振る舞っていました。自室で彼らと語り合ったり、新聞の「九州」の文字を切り抜き、それを大切に枕の下に入れて寝たり、朝起きると「『九』くん、『州』くん、おはよう」と挨拶をするほどでした。さらには、新聞や雑誌から切り抜いた「九」、「州」の漢字の形態（フォント）や大きさ（フォントサイズ）によって表情が異なるとまで主張するようになったのです。

なぜ彼女がこれほどまでに漢字を人間のように扱うのか、当時の私にはその理由がわかりませんでした。その後間もなく鯨岡峻氏（当時島根大学教育学部教授）との出会いによって彼女にみられる現象は「相貌的知覚」によるものであることを教わりました。

このときの臨床経験はその後の私の研究の方向性を決定づけるものとなりました。当時の私の問題意識がどのようなものであったか、この論文で次のように述べています。今でも同じスタンスで研究に取り組んでいることから、私の研究の立脚点をよく示しています。

自閉症に知覚面の異常がみられることは成人した自閉症者の過去の回想によって、その存在と内容がかなり明らかになり、今日では自閉症の基本障碍として生物学的立場からも非常に重視されるようになった。自閉症の知覚の特性を明らかにしていく作業は、神経生理学的研究、神経病理学的研究の他、実験心理学や行動科学的接近などの手法によって活発に展開され、自閉症にみられる様々な知覚面の異常の存在が明らかにされてきた。

自閉症の知覚様式の特性の解明は、人間が環境世界をどのように捉え、それを個体が社会的枠組みの中でどのように位置づけ、行動の判断の拠り所としているかを考える際の最も重要な鍵を握る側面である。ただ自閉症における他者知覚あるいは対象知覚の問題が、今日まで行われてきた先の膨大な諸研究に共通して用いられてきた〈主－客〉認識図式に合致する知覚様式の枠内での議論で、はたして解明されていくのであろうか。（中略）

自閉症研究に際して行われてきた多くの実験デザインでは、自閉症の知覚特性をいわゆる健常者のそれと同質のものであることを基本的了解事項として組み立てられ、実験の成績結果が健常者のそれよりどの程度歪み、遅れているかを明らかにしていく手続きが一貫して行われてきた。知覚現象そのものが

［２］「自閉症にみられる相貌的知覚とその発達精神病理」『精神科治療学』八、三〇五－三一三頁、一九九三。拙著『自閉症の発達精神病理と治療』（岩崎学術出版社、一九九九、一一一－一二九頁）に所収。

間主観的事象であるにもかかわらず、そこでは自閉症児一人一人が様々な生活経験を背負ってきた一個体存在であることはないがしろにされ、その過程で彼らの人間存在そのもののあり方はほとんど捨象されてきた。

自閉症の中核的症状である「自閉性」はこの数一〇年間、言語認知障碍の結果もたらされた二次的症状であるとみなされ、真正面から「自閉性」そのものに迫ろうとする研究はほとんど省みられることなく経過してきた。しかし、「自閉性」は今日でもなお国際診断基準の中で一つの柱として重視されていることには違いない。「自閉性」とは、はたしてどのような内実を含んでいるのであろうか。「自閉性」が我々の前で最も現実に突きつけられるのは、このような子どもに我々が直接対峙した時であるのは至極当然のことではあるが、このことは「自閉性」の実態そのものがそもそも間主観的な事象であって、主体ないし客体どちらか一方のみで生起し自己完結しうるような事象ではありえないことを示している。先述した様々な実験研究はこうした間主観的事象を捉えることを極力排することによって一見極めて客観的と思える知見を数多くもたらしてきた。つまりそこでは間主観的事象である「自閉性」は非客観的な事象として一切捨象されてきたのである。自閉症における知覚現象を考える際にも同様な問題が孕まれていると考えなくてはならない。

今読み返してみると、随分と肩に力の入った気負いが感じられ、気恥ずかしいのですが、自閉症の人たちが外界刺戟をどのように知覚しているのかを理解するためには、彼らを一人の主体的存在として捉える必要性を強く感じたことを明確に述べています。

この論文は、ある青年期の自閉症患者の治療を通して、自閉症の人々の知覚様態を当事者の視点に立って論じたもので、私が現象学的観点から捉えた最初の精神病理学的論考です。以来、いかなる患者であっても、患者が周囲の刺戟をどのように感じ取りながら行動しているのか、ということを常に考える習性が身についたように思います。

ここで取り上げた原初的知覚である「相貌的知覚」は本章の鍵概念のひとつですので、少し解説しておきます。

相貌的知覚とは何か

私たちは通常、心的事象を知覚、運動、情動といった様相に分けて論じて、かつそれらが本来独立したものであるかのように考える傾向にあります。しかし、幼児では知覚と純粋感情、観念と行動などの二項間が未分化で、原始的体制が支配的な心的生活のなかにいることをハインツ・ウェルナー[3]は明らかにし、このような現象は幼児のみならず、古代人や脳損傷患者らの知覚様相にも共通して認められることを示しました。そして、幼児や古代人のように、主体と対象が運動‐情動的反応によって媒介され、強く一体化されている場合には、物の把握の仕方は、静的ではなくむしろ力動的となるという。このような力動化によって、彼らに知覚された物は「生きている」ように見え、実際には生命のないものでさえ、ある内

[3] Werner, H. (1948). *Comparative Psychology of Mental Development*. New York: International Universities Press.『発達心理学入門』（鯨岡峻・浜田寿美男訳、ミネルヴァ書房、一九七六）

的な生命力を顕わにしているように見えてくると説明しています。ウェルナーはこのような知覚現象を「相貌的知覚」と称しています。

五感と原初的知覚

相貌的知覚は、私たちが日常的に用いる感覚である五感（視覚、聴覚、味覚、嗅覚、触覚）とは異なった独特な性質をもつ知覚様態で、生命をもたない対象でもまるで生き物であるかのように感じ取るという特徴をもちます。日頃は単に物として認知しているように思えるにもかかわらず、時と場合によってはそれが生々しく感じられ、多くの場合恐ろしい形相で迫ってきます。たとえば、ひとり夜道を歩いていたとき、一本の紐が蛇のように思えて怖かった経験をもった人もいるでしょう。誰にでも起こりうる現象なのです。日常生活のなかで通常私たちは刺戟を、五感を通して知覚していると思いがちですが、それは意識の世界での話であって、意識しない次元（意識下）では、あるいは特殊な状況に置かれた際には、この独特な知覚が前景に出てきます。私たちの感覚・知覚世界は、外界刺戟を分化した五感で感じ取るとともに、その底流に、通奏低音のように、未分化で独特な知覚が同時に機能しています。乳幼児期早期の子どもではそれが前景に立ち、活発に働きます。しかし、成長とともにそれに代わって五感が前景に出てくるようになります。人間が生まれてまもない時期の原初段階において活発に機能する知覚様態であることから「原初的知覚」とも称しています。精神分析学者で発達心理学者でもあるダニエル・スターン[4]の理論の鍵概念である「力動感」vitality affect も同じような性質をもつ知覚様態で、「原初的知覚[5]」の一種です。

原初的知覚は体感的にしか了解できない

たとえば、先の事例のように同じ文字であってもその形態や大きさによって印象が大きく異なったり、同じことばを聞いた際に、語る者によってこころへの響き方が異なったりするのはそのためです。対象のもつ意味的世界とは異なり、感じ取って初めてわかる知覚体験だからです。その印象の違いを決定づけているのが「原初的知覚」です。

ここで重要なことは、五感による体験は「～が見える」「～が聞こえる」というように明確にことばで表現することができる知覚体験で、誰でも「客観的に」捉えることができますが、「原初的知覚」による体験は、時々刻々と変化するその瞬間の変化そのものを捉える知覚体験です。よって誰もが「客観的に」捉えて、目に見えるかたちで示すことはできません。「～のように感じる」というかたちで誰もが同じように感じ取って初めて了解できる体験です。

---

［4］Stern, D. (2010). *Forms of Vitality*. London: Oxford University Press.
［5］相貌的知覚も力動感も原初的知覚ですが、相貌的知覚では生命のない対象でも生き物であるかのように捉える特性に、力動感では知覚様相が異なった刺戟でもそこに共通する刺戟の動きを鋭敏に感じ取るという特性に焦点を当てて切り取った概念です。いずれの性質も原初的知覚は有することが「甘え」にまつわるこころの動きを感じ取る際に、重要な役割を担っています。アリストテレスのいう「共通感覚」sensus communis (common sense) もこれと類似の概念といっていいでしょう。

第2節　常に変化し続ける現象をいかにして把握するか

リアリティとアクチュアリティ

「現実」という意味を表すことばには「リアリティ」と「アクチュアリティ」がありますが、まさにこの両者の違い[6]は、五感と原初的知覚の違いをよく反映しています。

前者の「リアリティ」が事物的・対象的な現実で、既成の現実を意味するため、それは対象的な認識で視聴覚によって「客観的」に捉えることができますが、後者の「アクチュアリティ」は現時点で途絶えることなく進行している活動中の現実を意味し、それは活動に関与している当事者が自らの活動によってしか対処することができない性質のものです。こころの動きを感じ取るということは、まさに「アクチュアリティ」そのものであり、それは言語化以前の体験です。

わかりやすい例を挙げて説明してみましょう。「とげとげしいことば」がどのようなことか、私たちはすぐに想像できます。「とげ」が刺さったときの独特な痛みの感覚と同じような感覚を引き起こす話し方を「とげとげしい」と表現しています。とげが刺さったときの痛みと話し方を聞いて感じたもののゲシュタルト[7]がきわめて似通っていることから、このような表現が可能になっています。こうした共通のゲシュタルトを感じ取ることを可能にしているのが力動感という原初的知覚です。

このように「原初的知覚」は、外界刺戟の動きの変化を鋭敏に捉える性質をもっています。通常の五感を超えて、いかなる知覚刺戟であってもそこに共通の動きの変化、すなわちゲシュタルトを感じ取っています。そのおかげで、私たちは、視覚とか聴覚などといった一見異なった感覚様相の知覚刺戟と思われるものであっても、そこに共通したものを感じ取ることが可能になるわけです。

ここで忘れてならないのは、この「原初的知覚」の最大の特徴のひとつが、私たちのこころのありよう、つまりは情動の変化によって、知覚のありようも異なってくるということです。情動と知覚は分かつことのできないかたちで、共時的に（というよりも渾然一体となって）働いているのです。不安が強い状態にあれば、知覚刺戟は恐ろしい形相をもって知覚されますし、安心した状態にあれば、快適なものに映るのはそのためです。

〈主観‐客観〉図式と「認識問題」

自閉症にみられる独特な知覚様態を通して、いかなる患者であろうと一人の主体として捉えることの重

---

［6］「リアリティ」reality と「アクチュアリティ」actuality の違いについては木村敏『心の病理を考える』（岩波書店、一九九四、二八‐二九頁）に詳しい。

［7］ゲシュタルト（独）Gestalt は形態を意味します。楽譜に記載されるさまざまな記号を例に取り上げればわかりやすいでしょう。クレッシェンド（次第に大きく）、デクレッシェンド（次第に小さく）などは音のゲシュタルトを表示している記号です。今日の自然科学は、要素還元主義に基づいて、対象を事細かく分析して研究する手法を柱としていますが、対象を要素に還元するだけではその本質には届かないという理念を主張したのが戦前の一時期、世界で隆盛を誇ったゲシュタルト心理学です。

要性を述べましたが、ついで〈主－客〉認識図式問題について、竹田青嗣著『現象学入門』〔8〕を参照しながら考えてみます。

「主観と客観」ないし「認識と対象」の関係をどう考えるかという近代哲学の根本問題とされてきた「認識問題」の核心について、竹田はフッサールの現象学をもとにつぎのように明解に解説しています。その要点をまとめると以下のようになります。

「認識問題」の中心にある「主観」と「客観」の問題について真正面から格闘したのがフッサールです。近代哲学の根本問題こそ「主観と客観」ないし「認識と対象」であったからです。「認識は、認識する主観の認識である」、「認識には、認識される客観が対立する」。そうであれば「認識は、認識された客観と認識自身との一致を確かめうるか」という問題が浮上します。ある対象を認識する際に、その対象そのもの（客観）と認識された対象（主観）が同じかどうかをどうすれば確かめうるかという問題です。主観（本人）によるその対象の認識が、対象そのものと同じかどうかを確かめるためには、確かめる主体が主観の外に出なくてはなりませんが、それは不可能です。よって、「論理的に考える限り、人間は原理的にその一致を確かめることはできない」ことになり、〈主観－客観〉図式に孕まれた矛盾を解き明かす必要性に迫られました。これこそフッサール現象学の取り組んだ最大のテーマでした。

自然科学によってもたらされた近代科学の実証主義は、仮説を立て、実験を繰り返すことによって、仮説（＝主観）を確かめる（客観に近づく）という方法ですが、これを人文科学や人間科学の分野にも応用することによって面倒な問題が生まれることになりました。〈主観－客観〉という前提から出発する限り、私たちは論理的には必ず極端な「決定論」か、それとも極端な「相対論」、「懐疑主義」、「不可知論」かのどちらかにいきつくことになるからです。

フッサールは、そうならないためには発想の転換が必要であるといいます。なぜなら人間はただ〈主観〉の「内側」だけから「正しさ」の根拠をつかみとっているからです。したがって、問題はその原理を〈主観〉の内側に内在させていることを明らかにする点にあります。

一般に私たちが「客観」と称しているものの内実は、これが現実であることは「疑えない」と確信をもつことだからです。したがって、私たちにとって主題として考えなくてはならないのは、そのような確信がどのようにして生じるのかという〈主観〉のなかでの確信の条件を突きつめることです。

では人間のさまざまな判断が、これは間違いない、「不可疑だ」という確信を伴うことの根拠はなにかと考えたとき、フッサールは〈知覚[9]〉だといいます。〈知覚〉だけは、つねに意識の自由にならないものとして現われるからです。〈主観〉は自分の外側にあるものの実在の「確実性」を、主＝客の「一致」という仕方で得ているのではありません。〈主観〉はそれをただ自分の内部からのみ、なんらかの対象の

［８］竹田青嗣『現象学入門』（ＮＨＫ出版、一九八九）
［９］ここでフッサールが意識の自由にならないものの現れとして〈知覚〉を挙げていますが、このことについて、発達的観点に立てば、知覚表象そのものがある意味をいまだ明確にはもちえない段階での知覚体験もあるのではないかと私は考えています。それが原初的知覚による体験様式です。この知覚体験の特徴は、なんらかの意味をもつものとして知覚表象が志向されがたく、情動のありようと共時的に作動するような体験様式です。快か不快か、安心か不安か、いずれかによって意味的世界が容易に変貌を遂げるものとして体験される知覚様態です。竹田も『現象学入門』で、フッサールの現象学に依拠しつつも、「不可疑性」を与える根本の条件は、フッサールが取り上げた〈知覚〉というよりも、「欲望」ではないかと自身の見解を述べていることに私も深く賛同します。本章での私の主張の眼目はそこにあります。

存在を「これ以上疑うことはできない（不可疑性）」（＝妥当）という仕方で「確実性」を得ているのです。そして〈主観〉にそういう「不可疑性」を与える根本の条件は〈知覚〉という〈主観〉にとって自由にならないものの存在にほかならないと説きます。

自らの「主観」に向き合うことの大切さ

フッサール現象学の観点に立てば、私たち自身の〈主観〉の内側に確信を与えるものは何か。研究者が自身の内面を通してそのことを確実につかみ、自己開示し、他者も同様の〈主観〉による内省作業を行う。そのことによって相互間で「もはやこれ以上疑うことのできない」ものとしての確信が生まれてくる。共通認識を目指すこのような共同作業の過程こそ、これまで私たちに「客観的だ」と思わせてくれているものの内実だということです。

このことは、精神療法に限らず、人間科学領域における対人援助全般に通底する意味（関係が変わり、相手のこころに何らかの変化が起こること）を考えていくうえでも、私たちに大きな力を与えてくれるのではないでしょうか。つまり研究者自身が自らの〈主観〉に徹底的に向き合い、そのなかで確かなものとしてつかむものが、自己理解、他者理解、関係理解において根本的に重要だということです。

精神療法は〈患者－治療者〉の「関係性」に基づく実践である

臨床精神医学における治療としての精神療法という営みは、生身の人間（患者）に生身の人間（治療者、研究者）が関わるなかで遂行されるものです。治療者の存在自体が精神療法の質そのものを強く規定するものであって、治療者〈研究者〉が誰であっても同じであるような代物ではありません。よって、精神療法について論じる際には、〈患者－治療者〉関係そのものを真正面から取り上げなければなりませんし、それは時々刻々と変化し続けるなかでの実践です。よって精神療法の核心に迫るためには、〈患者－治療者〉関係で不断に生起する関係性に目を向けることが不可欠になります。

以上のように考えれば、精神療法において治療者の「主観」や患者との関わりのなかで立ち上がる「間主観」を積極的に取り上げることこそ大切なのだということがわかります。前の章で鯨岡峻氏が取り上げている「接面」での事象を大切にすることはまさにそのことを意味します。

第３節　乳幼児期の母子関係にみられる「甘え」のアンビヴァレンス

対人関係の成立基盤に働いている原初的知覚様態

先に述べたように、私が出会った自閉症の人たちにみられる独特な知覚体験は、けっしてそれ自体が病的な現象ではなく、加齢を経てもいつまでも幼児的な知覚様態が優位な状態にあることを示しています。このような知覚は人間の知覚機能としては原初的なもので、私たちにとって一般的な五感による知覚の基盤に脈々と息づいています。

したがって、このような原初的知覚様態[10]が活発に機能しているということは、対人関係の成立にとって阻害的に働くのではなく、逆に対人関係の成立にとって不可欠なものだということに気づかされます。原初的知覚は人間が生誕後最初に出会う他者とのこころのつながりである原初的コミュニケーションの世界においてなくてはならない働きを担っているからです。

原初的知覚と母子臨床

自閉症の知覚の特徴を知ることによって、私は自閉症の中核的症状とされている対人関係障碍が実際どのような内実をもっているのかを直接この目で確かめる必要性を強く感じるようになりました。

そこで新設の学部に新たな職を得たのを機に乳幼児期の自閉症（ないしその疑いをもつ）の子どもとその養育者の「関係」に焦点を当てた臨床研究に従事することにしました。当時その臨床の場を母子ユニット（Mother-Infant Unit：以下ＭＩＵ）と称していました。

ＭＩＵで私はアタッチメント研究でよく知られている新奇場面法[11]（Strange Situation Procedure：以下ＳＳＰ）を用いて母子関係の特徴を明らかにしようと考えましたが、そこで私はアタッチメント[12]という行動に特化した視点、つまりは行動科学的なものの見方に馴染めませんでした。アタッチメント研究は子どもが母親に接近するという行動次元に着目しますが、私の関心は母子関係において繰り広げられるこころのありようそのものにありましたので、子どものこころの動き、なかでもとくに「甘え」に焦点を当てるようになりました。このようにして母子関係の特徴を観察してきたのですが、そこで重要な役割を果たしてくれたのも先に取り上げた「原初的知覚」でした。なぜならほとんどことばの通用しないコミュニケーションの世界での関係のありようを捉えようとすれば「原初的知覚」の働きが鍵を握っているからです。

一歳台の子どもにみられる「甘え」のアンビヴァレンス

その後一四年間、ＭＩＵでの母子の関係臨床を蓄積することによって、私はつぎのような母子関係の特徴を明らかにすることができました[13]。

ここで直接の対象となった乳幼児は一歳から五歳までの五五例です。本来ＳＳＰの対象年齢は一歳台ですが、私は五歳まで試みています。私の関心はアタッチメント・パターンの評価ではなく、母子関係そのものがどのように変化していくのかをみていくことにあったからです。そのなかでも今回はとくに二歳台までの生後三年間を中心に詳細に検討しました。そこでわかったことは、〇歳から一歳台において最も顕著になる子どもの母親に対する独特な関わりの様相でした。それは、**「母親が直接関わろうとすると回避的になるが、いざ母親がいなくなると心細い反応を示す。しかし、母親と再会する段になると再び回避的反応を示す」**というものです。母子関係の難しさの中核にこのような関わりがあるため、両者の間でいつ

[10] 原初的知覚が関係発達臨床において果たしている重要な役割について私は、『発達障害と感覚・知覚の世界』（佐藤幹夫・人間と発達を考える会編、日本評論社、二〇一三）の「第3章　原初的知覚世界と関係発達の基盤」（一一三－一五一頁）で論じています。

[11] 新奇場面法はアタッチメント研究において世界中で実施されている心理学的実験の枠組みです。子どもを母親と人工的に分離することで不安を引き起こし、子どもが再会時に母親に対していかなる行動をとるかを観察することによってアタッチメント行動の特徴を判定しようとして開発されたものです。

[12] アタッチメント attachment は文字通り attach-（「くっつく」の意）という行動次元の概念です。日本語独特の「甘え」という情動の視点から母子関係を捉えることによって、私は母子関係の様相が手に取るようにわかるようになりました。

[13] ＭＩＵでの研究成果は、拙著『「関係」からみる乳幼児期の自閉症スペクトラム』（ミネルヴァ書房、二〇一四）に詳しい。

までたっても好ましい関係の深まりが生まれず、逆に両者とも強いフラストレーションを体験することによって、その関係は負の循環を生むことになります。このような母子関係の独特なありようを、私は

「（母子）関係からみた『甘え』のアンビヴァレンス」（以下「アンビヴァレンス」と記す）と称しましたが、

そこで子どもたちは「甘えたくても甘えられない」心理状態を体験していることがわかったのです。

ここで重要だと思われたのは、通常孤立して心細くなれば、強い不安とともに悲しみや怒りが湧いてくるのですが、アンビヴァレンスの強い子どもたちはそれを直接母親に向けることができないということです。本来ならば、そこで生まれた負の情動が抱っこされることによって快の情動へと変化し、心地よい体験となっていくのですが、彼らにそれを期待することはできません。甘えることができないゆえの当然の帰結です。

二歳台の子どもたちにみられるアンビヴァレンスへの対処行動

一歳台の子どもたちは「甘えたくても甘えられない」ために不安と緊張が高まっていきます。それは第三者の目にも比較的わかりやすい形で表現されていますが、二歳台の一六例すべてを通覧したとき、強烈に印象づけられたのがアンビヴァレンスの表現型が一気に多様化の様相を呈してくることでした。

アンビヴァレンスは子どもの「甘え」体験に阻害的に作用するため、いつまでも心細さは解消されず、強い不安と緊張にさらされます。それは子どもにとって過酷な事態であるため、少しでもそれを軽減しようとさまざまなことを試みることになります。二歳台の子どもたちにみられる多様な反応はそうした不安や緊張への対処行動として捉えることができると私は考えました。以下、具体的に列挙します。

①**落ち着きなく動き回る**

対人回避傾向が強まるなかで、母親の存在が気になるにもかかわらず、近づくことはできず、ある一定の距離を取って徘徊し続けます。

②**ひとりで同じことを繰り返す**

あるひとつのことに没頭しようとすることによって気を紛らわし、不安と緊張から逃れようとします。

③**自分の身の回りを同じ状態に保とうとする**

不安の強い状態にあっては、些細な変化でも彼らにさらなる強い不安を引き起こします。そのため周囲の環境を極力変化のない状態に保とうとします。

④**過度に自立的に振舞う**

不安なときでも母親に依存することができない子どもたちは、結果的に何か困ったことがあってもだれにも頼ろうとせず、ひとりでやろうとします。

以上述べてきたものは、回避的傾向の強い子どもたちにみられる対処行動ですが、以下はそれらとは異なり、なんとか母親との間で関係をもとうとするなかでの対処行動を示す子どもたちです。

⑤**ことさら相手が嫌がることをする**

母親の注意や関心を引くために、ことさら相手に怒られるようなことをします。このような行動は相手に怒られることを期待して行っているのではなく、そうしないと相手が自分の方に向いてくれないから、やむにやまれず行っているのです。

⑥注意喚起としての自傷

母親の注意や関心を引くために、ときには自分の頭を壁に打ち付けるなど、自分を傷つける行動をとります。

これら二つの対処行動は、将来「自傷」、「器物破壊」、「他害」などの「行動障碍」へと発展していくことが危惧されます。

ついで問題となるのは、母親との関係を維持するために、母親の顔色をうかがいながら不安と緊張に対処しようとする試みです。

⑦いい子になる

「甘えたくても甘えられない」子どもがなおも母親とのつながりを求めようとする際に、最も穏便な解決方法は、相手の意向に沿って行動することです。相手の怒りを引き起こすことなく、相手も喜んで受け入れてくれるからです。

⑧相手に取り入る、媚《こ》びる、当てつける、見せつける

先の相手の意向に沿うことと近縁の反応ですが、相手の意向が読み取りにくい場合、子どもはたじろぎ、どう対処すればよいか困惑が強くなります。そこで相手の意向を常にうかがいながら、相手に気に入られようと懸命に考えながらいろいろと試みるようになります。

⑨過度に従順に振る舞う

「いい子になる」ことが、自分なりの能動的な対処行動であるとするならば、より深刻な問題は、自分の欲求や意思を全面的に押し殺し、相手の思いにしたがって行動することです。その結果相手の思いに翻弄されることになります。のちのち深刻な自我障碍を呈することが危惧されます。

⑩周囲の知覚刺戟に圧倒されて何もできない

その他、これまで取り上げてきたような明確な対処行動を取ることができず、ただ周囲の知覚刺戟に圧倒されてなす術のない状態に置かれることもあります。これは精神病的反応で、きわめて深刻な事態です。

以上取り上げてきた二歳台の子どもたちにみられる対処行動の多く（とくに①から⑥まで）は、これまで精神医療や心理臨床の現場において、発達障碍にみられる「多動」「常同反復行動」「同一性保持」「自閉」「挑発的行動」「自傷」などの症状や障碍とみなされ、多くの研究者が脳障碍という基礎障碍があるゆえの必然的な結果として捉え、一次障碍と呼んできたものです。

⑦の「いい子になる」という対処行動は、一時的には適応的なものとみなされ、多くの子どもに認めますが、将来、神経症や心身症の発症が危惧されます。

⑧のような対処行動は、虐待されて育った子どもたちの振る舞いによくみられます。親がどう出るか読みづらいために、ありとあらゆる手を使って振る舞おうとするからです。

今回の私の研究結果から、それを発達的観点から捉え直してみると、「甘えたくても甘えられない」ために生じる強い不安や緊張を彼らなりに和らげようとするもがきの対処行動だということがわかります。

ここで強調しておきたいのは、これら各々の対処行動は、ある子どもに特定化されるようなものではなく、周囲の状況次第ではその他にもいろいろな対処行動を選択することが考えられるということです。そして、乳幼児期にこのような対処行動を取っていたとしても、早い段階で周囲の気づきがあれば、このような行動が進展し固定化することを防ぐことができます。そこに精神疾患の予防の道が切り拓かれることが期待されます。

「甘え」という日常語で考えることの大切さ

私は日頃教育の場で学生たちに、もし自分が子どものとき、母親に対して「甘えたくても甘えられない」状態に置かれたならば、どのように振る舞うか尋ねるのですが、すると多くの学生が次のようなことを答えてくれます。

- 「母親に甘えたいが、どうすればいいかわからないし、それに対して母親が応えるのかどうかもわからないので、〈こうしたら怒るかな？〉〈こうしたら頭を撫でてくれるかな〉というふうに、母親に対してすごく気を遣って接すると思う。常に母親の顔色をうかがわなければならないので、精神的に疲れてしまい、結果的には母親に甘えることなく、**ひとり遊びに熱中する**と思う」
- 「母親が好きだったら気を引こうとする。一緒に遊んでもらおうとする。母親にくっついて抱っこしてもらいたいし、ずっとくっついていたいと思う。玩具を持ってきたり、**母親の気を引くために少し危ないことをしてみたりする**かもしれないと思う。または母親に近づかないで、母親に自分のことを気にしてもらうために、**あえて離れる**という方法もあると思う。泣いてみたり、駄々をこねたりすると思う。それで母親が甘やかしてくれたらよいが、怒られたらそれこそ何の感情も感じない子どもになるしか方法がなくなってしまう。母親が甘やかしてくれない人なら、駄々をこねるより別の方法を試す方がよいと思う」

• 「母親があまり子どもと積極的に遊ぼうとしないならば、きっと子どもは母親と一緒に遊びたいけど、遊んでくれない。だから嫌われていると思うようになる。そのため**嫌われないように必死になる**と思う。だから母親にあまり自分から甘えられないし、少し距離を置いた態度で、嫌われないように気を遣いながら振る舞うと思う」

• 「母親が遊び相手になってくれないときは、母親の関心を引きたいと思うが、きっとうっとうしがられたり、嫌がられたりするため、ひとりで遊ぶ。他人が一緒に遊び相手になってくれるのは嬉しいが、あまり他人に懐くと、母親が良い気はしないのではないかと思う。他人がいなくなるのは嫌だが、**母親の顔色をうかがって平気な顔をする**と思う。もしも**母親の前で危ないことをしたりする**と、母親が気になってしまい、自分に関心を寄せることでまたいらいらさせてしまうかもしれないので、私だったら絶対にしないと思う」

• 「母親が自分の遊び相手になってくれないと、**何か自分は悪いことをしたのではないかと思う**かもしれない。すると、母親に嫌われないように、**母親に褒められるようなことをしようと必死になる**と思う。もしそれでも母親が自分に関心を寄せてくれないときには、どうしてよいかわからなくなるのではないかと思う」

これらの学生の回答には、さきほど述べたアンビヴァレンスの強い子どもたちが示す対処行動の多くが示されています。このことは、自閉症といわれてきた子どもたちのこころのありようが、私たちのそれと同じ地平で論じることのできるものだということをいみじくも示しています。「甘え」という日常語で子どもの行動を理解することによって、私たちは自閉症や発達障碍といわれてきた子どもたちを身近な存在として理解する道を切り拓くことができるのではないかと思われるのです。

第4節　臨床精神医学における症状や徴候の成り立ちを考える

症状や徴候はどのようにして確立されるか

アンビヴァレンスによって生起する不安や緊張への対処行動として出現するものを、臨床現場では症状として捉えていることを述べましたが、そもそも臨床現場で診断を行う際にきわめて重要な位置を占める症状[14]や徴候[15]はどのようにして確立したものなのでしょうか。なぜそのようなことを考えるかといえば、これまでそのプロセスを深く検討してこなかったことが、今日の精神医学における診断の混乱に拍車をかけることにつながっているのではないかと思うからです。

精神医学を身体医学と比較してみたときに浮かび上がる際立った特徴は、ほとんどの疾病の原因が不明であること、そのため、身体医学のように検査によって客観的な所見を得て診断を確定する方法がほとんど存在しないということです。したがって、精神医学の診断において症状や徴候は、身体医学に比してはるかに重い意味をもつことがわかります。

それほど重要な意味をもつ症状や徴候に対して、日常、臨床医はどれほど自覚的なのでしょうか。冒頭に述べたように、子どもの精神医学の臨床現場で、主に養育者からの話を聞くことに時間を割いて、子どもとじっくり向き合いながら理解しようとする努力があまりなされないとすれば、それは臨床という名に値するかどうか大いに疑問です。

そこで、私は臨床精神医学に限らず臨床医学においてそもそも症状や徴候がどのようなプロセスを経て新たな概念として確立されていくのかを考えてみたいと思います。

この問題について内科医で疫学研究者でもあるファインシュタインは『臨床的判断』[16]という本のなかでつぎのように述べています[17]。

［現況の精神医学に対する批判として：筆者注］前以てコミュニケーションの基本語が正確に埋解されているのでなければ、精神科医の行う解釈や分類に何ら科学的信頼性は存しない。にもかかわらず人間

［14］症状 symptom は、疾病によって出現する異常な心身面の現象をいいます。
［15］徴候 sign は、疾病を示唆する何らかの異常所見で、医師が患者を診察して見出しうるものをいいます。よく知られているものにヴァイタル・サイン vital sign があります。これは人間が生きている徴候（生命徴候）で、呼吸、脈拍、体温、血圧の測定で示されます。ときに「症状」は患者の（経験する）主観的徴候を指し、「徴候」をそれとは区別する意味で客観的徴候とする場合もあります。
［16］Feinstein, A. R. (1967). *Clinical Judgment*. New York: Williams & Wilkins.
［17］土居健郎『新訂　方法としての面接――臨床家のために』（医学書院、一九九二）の付録「臨床的研究の方法論」（一二六－一四七頁）という章のなかでこのファインシュタインの本が紹介されています。ここでの引用はその紹介内容の孫引きであることをお断りします。

の感覚に関する語彙――それらは精神疾患の診断・発生病理・治療についてのいかなる概念においてもその元をなすものであるが――、この語彙の正確な使用は、現在の精神医学の基礎研究においてほとんど顧みられていないのである。[18]

［診断、予後ならびに治療を考える際に、症状と徴候がそれぞれ異なる意味をもつが、そこでの：筆者注］最大の問題は、症状と徴候がどのようにして確立されるかというそのプロセスである。まずある現象が患者もしくは医師の感覚によってとらえられる（sensation）。ついでその感覚の特性が見極められ（specification）、最後にこのようにして取り出された現象が名付けられる（designation）。そしてこれが症状ないし徴候と呼ばれるものである。[19]

ファインシュタインは、診察にあたった医師の感覚自体を正確に記述する必要性を説き、その中で、「感覚の記述を抜きにして、それが意味すると考えられる症状名や徴候名だけを記すことはあいならぬ」[20]とまで述べています。

一見すると症状や徴候は客観的な指標の代表のように思われがちですが、その概念の成立過程をたどっていくと、最初に臨床医ないし患者がなんらかの違和感を抱くことが出発点にあるのです。それが「感じ取ること」sensation です。そしてその感じたことを従来の類似した症状や徴候といかに異なった性質のものか、その相違点を浮かび上がらせることが「明確にすること」specification です。

そして最後にそれを名付ける作業が「輪郭を描くこと」designation だといいます。ただしここで使われているdesignationは、名付けるというよりも、その特徴の輪郭を明瞭にするという意味合いをもった単語であることを考えると、このプロセスにおいて私は「ことばで記述すること」descriptionを追加したいと思います。なぜならdesignationという作業のもっとも重要な点は、その感覚で捉えた現象の特徴をなんらかのゲシュタルトとして捉え、従来の類似の現象との対比によってその差異を際立たせることにあります。ゲシュタルトとして捉える段階と、言語化する段階は明確に分けることこそ精神療法においてきわめて重要な過程であると考えているからです。

そして最後に症状、徴候として名付ける作業（命名）がdescriptionです。ここで気をつけたいのは、症状や徴候の意味するものを、社会的、歴史的、対人関係的文脈のなかで捉えて記述することが求められていることです。したがって、臨床医（精神科医）は患者との出会いのなかで感じ取ったことを「あるがままに」「感じるままに」「日常語で」「わかりやすく」描くことが大切になります。この段階で専門用語を用いることはあいならぬということです。

症状や徴候の確立は感じることから始まる

以上、症状や徴候がどのようにして確立されるのかについて述べてきましたが、ここでぜひとも留意してほしいのは、新たに症状や徴候が生み出される契機となるのは、臨床医が患者を前にして捉えた現象に

［18］前掲書、一四六－一四七頁。
［19］前掲書、一三六頁。
［20］前掲書、一四六頁。

対してなんらかの違和感を感じ取ることだということです。臨床医が患者との出会いにおいて、主観的に感じ取ることこそ大事な出発点であるのです。それなくして新たな症状記述はありえないのです。養育者の話を聞いただけで、それを症状として取り上げることなど以ての外だということがわかります。

第5節　精神療法においてアンビヴァレンスはどのように現出するか

精神療法で焦点を当てるべきは症状ではなくアンビヴァレンスである

先の私の研究の知見によれば、これまで精神科診断において重視されてきた症状の多くは、アンビヴァレンスによってもたらされる不安と緊張を多少なりとも和らげたり紛らわしたりするための対処方法ないし防衛であることがわかります。したがって、臨床医（治療者）が治療の目標とすべきは、症状そのものをなくすことではなく、それを生み出す背景に働いているアンビヴァレンスの緩和にあります。そうすることによって初めて症状を生み出す原因を取り除くという本来あるべき治療の道が見えてきます。なぜなら症状の多くは、患者自身の不安がさらに強まることへの防波堤としての役割を担っていると考えられるからです。

しかし、ここで臨床医の前に難題として立ち塞がるのが、症状が前景に出ていて、アンビヴァレンスは背景に後退しているため、乳幼児期早期のように客観的に（誰でも目に見えるかたちで）関係の病理としてのアンビヴァレンスを捉えることが容易にはできなくなることです。

精神療法でアンビヴァレンスはどのように表に現れるか

乳幼児期以降、とりわけ学童期、思春期、成人期においてどのようなかたちでアンビヴァレンスが精神療法（面接）において表に現れるのでしょうか。最近、私は小書『あまのじゃくと精神療法』[21]において、その現われとその扱いについてまとめました。そこで明らかにしたのは、乳幼児期に母子関係において現出するアンビヴァレンスという独特な関係の病理が、学童期以降、〈患者－母親－治療者〉の三者関係や〈患者－治療者〉の二者関係において再現することでした。ただし、小書で対象としたのはすべて神経症圏の患者です。

典型的な事例をいくつか提示しましょう。

小学四年生（九歳五カ月）の男児です。不登校気味だということで母親が連れてきた事例です。母子同席での三者でも面接を行いました。そこで男児の対人的構えにつぎのような独特な特徴を見て取ることができました。

男児は私に対して馴れ馴れしい態度で、初対面にもかかわらずよくしゃべるが、ふざけた感じである。理知的な母親ではあったが、子どもに関する語りには冷めていて突き放すような感じを受け、男児の気持ちに思いが至らない様子であった。私は母親に対して、気さくな雰囲気で話しかけるように努めたが、母親は何かにつけて即座に反論めいた口調で自分の理屈を語ろうとした。相手に対する警戒的な構えが目立ち、私の

[21] 小林隆児『あまのじゃくと精神療法』（弘文堂、二〇一五）

ことば尻を捉えて何かと反抗的な態度を取っていた。男児は利発に見えたが、母親が話す前に、子どもに受診理由を尋ねると、すぐに母親の方に向かって「聞いて！」と反応し、自分からは話そうとしない。しかし、私が母親と話そうとすると、すぐに自分からその間に割って入ろうとする。母親の身体に触れてそばから離れようとしない。一見、なんでも平気そうな態度をとっているが、その仕草からは心細い思いが感じられた。

ここに示された子どもの対人的構えの特徴は、治療者が子どもと相対して面接しようとすると、こちらの問いかけに応答しようとしないにもかかわらず、治療者が子どもに代わって母親と話し合おうとすると、途端に両者の間に割って入り、さかんに自己主張し始めるというふうに描写することができます。三者面接において初めて捉えることができる関係病理です。

つぎに取り上げるのは、中学二年（一三歳六カ月）男児です。頭が痛い、学校に行けないということで母親と同伴で受診しました。

私はしばらくの間、男児と話していて、気分が暗く落ち込んでいる感じを受けたので、〈周りの人はどう見える？〉と尋ねてみた。すると彼は「周りの人間は生き生きしている感じがする」と言うので、〈ではあなたは生き生きしていないんだね〉と確認するつもりで聞くと、「いや、そうでもない。冬は生き生きしている」と返答した。この返答に私は意外な印象を受けた。彼のつらい思いに気持ちを寄せることで、面接が深まっていくことを期待しての質問だったからである。自分が困っていることをストレートに相手にぶつけることに対するためらいが働くのか、彼は自分のつらさをすぐに引っ込めてしまう。そのような彼の態度には周囲に対する強い気遣いがうかがわれたので、〈なぜ気遣うようになったと思う?〉と尋ねると、「他人に迷惑をかけたらいかんと母親からいつも言われるし、自分でもそう思っている。自分がどうなっても、自分がしたことなら自業自得だから仕方ないけど、他人様に迷惑をかけたらいけない、と母親にいつも強く言われている」という。具体的に話を聞いていくと、次のようなことがわかった。「お母さんは常々、小さいことでも相手には大きく伝わるから気をつけなさいと言う。たとえば、風呂からあがるとき、身体をよく拭いて洗面器の水を捨てて斜めにかけておくように。家庭でそうしていないと、つい外でも同じようにやってしまうから、と注意する」、「言っていることは確かに正しいけど、うるさい。あまりにも小さいことなので、それこそ頭が痛くなる感じがする」と言う。他人に迷惑をかけてはいけないという思いだけが強く働き、自分の困っていることなどを相手に話すことには強いためらいが働いているのである。

患者は何らかの苦しみがあって受診しているのですが、面接が進んで治療者が共感的に患者の苦しみを取り上げようとすると途端に、今の自分は大丈夫であるといわんばかりに不安を引っ込めるところに、この〈患者－治療者〉関係の特徴を見て取ることができます。

つぎに示すのは二二歳のＯＬです。主訴は拒食と過食でした。初診時の面接で先の中学二年の男児と同じような対人的構えを認めることができます。

清楚な印象の女性で、人当たりもよく、話し方にもそつがない。時折笑顔さえ浮かべ、病気で受診した患者とは思えないほどであった。摂食障碍についての知識も豊富で、一見物わかりのよさを感じさせた。人間関係について話題を向けると、「好きな人と（嫌いな人とは言わないで）苦手な人がいる。早い段階で無意識に区別してしまう。波長が合うとよく話す。合わない人とも話すが、どうも相手に伝わっているのかなと思う」と、人間関係にいたく気を遣い、とくに嫌われることを極力避けていることが印象に残った。会社の上司からは「バリアを張っている」と言われたことがあるらしい。この人は負の感情を表に現わすことを極力回避しているが、そもそも負の感情そのものを体験したことも少ないのではないかと感じられた。すると間もなく、ある人を嫌いだとかそんな感情を話したり、陰口を叩くだけでも自己嫌悪に陥ると彼女自身も語るのだった。面接も終わりに差しかかったので、私は「食事をめぐって苦しんでいるのですね」と彼女の苦しみに同情の念を示したところ、驚いたことに「いえ、調子のよいときもあります。時期によっては」と、いつも苦しんでいるのではなく、調子がよいときもあるのだと言う。彼女は苦しいのでなんとか楽になりたいとの思いで受診したのであろうに、いざ面接で治療の方向で話を進めていく段になると、途端に回避的な行動に出たのである。この女性は、自分で本当に困っている、淋しい、などの生々しい感情が起こらないところに大きな問題を感じさせるとともに、困っているから他人に頼るという依存的構えもとれない（甘えられない）のではないかと思われた。そのことを指摘すると、彼女は初めてそのようなことを指摘されたと驚きの気持ちを語っているのが印象的だった。

患者は病気で苦しみ心細いにもかかわらず、いざ治療者が患者に同情の念を示して心理的に近づくと、途端に回避的な反応を示しています。

このような関係病理は、神経症圏はもちろんのこと発達障碍圏においても認めることができます。提示するのは、小学生の頃、注意欠如／多動性障碍（ＡＤＨＤ）と診断されて薬を一時服用したことがある大学四年の女性です。就職活動で忙しいときに学生相談で会いました。

自分のことがよくつかめないというのが主な悩みであった。将来何をしたいのか、何ができそうなのか、わからなくて困っている様子であった。話を聞いていくなかで、近々下宿を引き払って実家に戻りたい、母親のことが心配だからと言うのである。そこで家庭の事情を聞いてみると、とくに経済的な問題があるわけではないが、母親が父親に拘束されて自由がないのがかわいそうだと言う。両親の関係は頻繁にけんかをするほど険悪で、家庭が落ち着かない事情も浮かび上がってきた。そのなかで筆者が首をかしげたのは、彼女が母親に対してひどく揺れる思いを抱いていることであった。母親についてとても同情的に語るかと思うと、昼寝をするほど楽をしているなどと非難めいたことも語るのである。筆者は彼女が心理的緊張のいまだ強い家庭にこの時期わざわざ戻ろうとすることの真意がつかめなかった。

私は彼女が今後の進路に迷っていることを取り上げ、〈何をしても行き当たりばったりになるんだね〉と指摘すると、「気づいたらもう（就活の）面接の朝になっているような感じで、計画性がないんです」と答えたので、筆者は〈お母さんといろいろとやり合うようだけど、お母さんに随分同情もしているよね〉と尋ねると、「私もよくわからないけど、子どもみたいな人。ムキになるところがある。幼い人」と批判的なことを言う。そこで筆者は〈お母さんは子どもっぽいんだ〉と彼女の話に同調して応じると、今度は「でもできることはできるんで。料理とかは」と反論するように肯定的に返すのである。

ここで注目したいのは、彼女が母親に対して否定的で怒りさえ感じさせる内容まで話していたので、私がそのことに同調して応じると、途端に肯定的な内容で返すというコミュニケーションの特徴です。ここにも先に述べた事例と共通する関係病理を認めることができます。

精神分析では、幼少期の親子関係の質が現在の〈患者－治療者〉に再現されることを「転移」と呼んでいますが、ここで私が明らかにしたことはまさに「転移」そのものといっていいものでしょう。

関係病理としての「あまのじゃく」

先に私は乳幼児期早期にみられる母子関係の病理を「**母親が直接関わろうとすると回避的になるが、いざ母親がいなくなると心細い反応を示す。しかし、母親と再会する段になると再び回避的反応を示す**」と描写しましたが、学童期以降のさまざまな精神病理を示す患者であっても、この関係病理と同質の病理を見て取ることができます。

このような独特な関係は、私たち日本人には「**あまのじゃく**」と称する子ども（に限らないが）の姿を彷彿とさせます。「あまのじゃく」は「相手が右と言えば、自分は左と言い、相手が左にすれば、自分は右にするというように、故意に他人の言行に逆らうような行為」[22]を意味し、俗に「ああ言えば、こう言う」類いの対人的態度をいいます。そもそも「甘え」は相手があってはじめて享受できるものですから、自《おの》ずからそこに二者関係の視点が含み込まれています。その意味では、「あまのじゃく」はまさに二者関係における屈折した「甘え」を双方の動きとして如実に示していることがわかります。関係病理として表現するのにふさわしい言葉といっていいでしょう。

第６節　精神療法におけるエヴィデンスとは何か
――「あまのじゃく」という関係病理を生み出したプロセスを振り返って

ここで先の独特な関係病理を私が「あまのじゃく」として概念化するに至ったプロセスを改めて考え直してみましょう。そこにこそ本章のテーマである精神療法においてエヴィデンスを見出すための勘所が示されていると思うからです。

①**行動面のみでなく、情動面にも着目すること**

乳幼児期早期における母子関係の特徴を、私は母子双方の動きとして目に見えるかたちで捉えたのですが、それと同時に当事者の内面の「甘え」という情動の変化としても捉えています。それによって初めて子どものこころの動きとしての「甘えたくても甘えられない」心理を読み取ることができました。そこで私は小難しい理論などを用いることなく、素朴に感じるままに観察するように心がけました。そのことが結果的に子どもの「甘えたくても甘えられない」というアンビヴァレンスの心理を読み取ることにつながっています。

②**こころの動きとしてのゲシュタルトをことばにすること**

---

［22］大槻文彦『新編大言海』（冨山房、一九八二）より。

子どものこころの動きに「甘えたくても甘えられない」というアンビヴァレンスを読み取ることが可能になったのは、観察者である私の内面（主観）に子どものこころの動きと同質（同型性）のゲシュタルトが立ち上がったからです。それは原初的知覚としての力動感の働きに依っていますが、それに気づくためには自己の内面に立ち上がるこころの動きを内省的に感じ取ることがぜひとも必要です。そこにこそ腑に落ちる体験としての深い理解が生まれる根拠があります。

③子どもの「甘え」のアンビヴァレンスを母子関係の枠組みのなかで捉え直す

私は子どもに「甘えたくても甘えられない」こころの動きを感じ取るとともに、この動きを母子双方の関係のなかでの動きとしてみると、「母親が直接関わろうとすると回避的になるが、いざ母親がいなくなると心細い反応を示す。しかし、母親と再会する段になると再び回避的反応を示す」という関係の病理として捉え直すことができました。それは私たち日本人に馴染み深い日常語である「あまのじゃく」と表現するにふさわしいと考えて概念化したのです。

④関係病理としての「あまのじゃく」が〈患者－治療者〉関係に「転移」として再現する

関係病理としての「あまのじゃく」と同質の二者間のこころの動きが、乳幼児期に限らず、学童期以降成人期に至るまで、あらゆる精神病理を示す患者と治療者との関係のなかにも再現されることを先に示しましたが、ここで再現される〈患者－治療者〉の関係病理はこれまで精神分析では「転移」といわれてきたものです。

ここで改めて強調したいのは、「転移」を精神療法のなかで把握することを可能にしているものも、先に述べた原初的知覚としての力動感であることです。なぜなら時々刻々と変化する二者間のこころの動きを把握することにこそ原初的知覚の最大の特徴があるからです。この独特な知覚の働きによってはじめて私たちは、二者間のこころの動きをゲシュタルトとして感知し、それを「あまのじゃく」と同質の動きのゲシュタルトであることに気づくことができるのです。

⑤関係病理を「あまのじゃく」として捉えることが患者に腑に落ちる体験を生む

関係病理としての「あまのじゃく」の概念化が治療者に「転移」への気づきをうながしやすいことを述べましたが、このことは患者にとっても実感を伴って理解することを容易にしていることがわかります。なぜならそれを「あまのじゃく」という日常的に用いられている馴染み深いことばで表現することによって患者もそれが手に取るようにわかるからです。

ひとつ実例を示しましょう。小学五年生（一一歳四カ月）の女児です。主訴は拒食とやせでした。

母子同伴での受診で、しばらくは同席での面接を行った。いまだ幼さを残した小柄な女児で、口数は少なく、うつむき加減で座り、私が何か質問をしても、母親の方を向いて代わりに答えてくれるのを待っている状態であった。しかし、しばらくすると、女児が直接口では言えないために母親に手渡しているメモの内容と、面接で母親に対して見せる態度に大きな違いがあることが気になった。母親に頼っているにもかかわらず、母親が話し始めると、ことさら母親を無視するように反対側に目をやり、どことなく怒りをも感じさせるものだったからである。表情も固く、笑顔はほとんど見られない。ときに笑みを浮かべることはあっても作り笑いのように見え、そこに母親に対するかなり屈折した思いがあることが推測されたのである。

治療開始後一カ月ほど経過した頃には、自分からは食事を摂ろうとしないが、父親や母親が手を貸すと、それがきっかけで食べるようになったことが母親から報告された。母親に夜一緒に寝てほしいと要求するなど、随分と甘えるようにもなった。母親の前で朝な夕なよく泣くようになった。こうして女児は不安や恐怖を母親に直接表わし、受け止めてもらうことができるようになってきた。

その一週間後、調子がよくなり、学校にも行けるようになった。弁当も持参してよく食べた。朝起きても泣かなくなった。食べたあとの罪悪感もかなり減った。母親は干渉することをやめた。母親自身「私の大変さがこの子に影響していることがよくわかった。私のストレスがないことがこの子のストレスのなさにつながっていると思う」と振り返ることができるようになった。その際、母親は女児とのやりとりのなかで次のようなことに気づいた。女児に対して母親が「何を食べたい?」と直接聞くと身構えてしまう。しかし、「これはママが食べたいな」と言うと、女児も食べたがる。夫も同じ傾向があるということを思い出したという。ここに示された女児の心性は「あまのじゃく」そのものであるが、母親は期せずして女児の母親に向けるアンビヴァレンスに気づいたのである。

このことが母親から語られた面接で、筆者も興味深いことに気づいた。女児に対して直接顔を向けて、「調子はどう?」と尋ねると、すぐに母親の方に視線を向けて代わりに答えてもらいたそうにして、自分からは何も答えない。しかし、母親に向かって私が「お母さんに随分と頼っているよね」と尋ねると、母親が反応する前に、女児は強く何度も頷いて答えていたのである。この女児の反応は、先の母親の語った女児の姿と重なり合うものであるが、このことをすぐに私は取り上げた。女児は母親にとても頼っているが、その一方で自分を主張したい思いも強まっている。そのようなこころの動きがこんな形で表れていると説明し、このような気持ちはとても自然なことで、なんら自分を責める必要はないことを強調した。今現在の生々しい自分たちの気持ちのありように対する私の説明を聞いて、母子とも腑に落ちたような表情を浮かべて頷いていた。このようにアンビヴァレンスをわかりやすいかたちで目の前で取り上げることによって、女児は自分の思いを表に出すことに対するためらいが急速に弱まっていった。その後の面接では一対一で会うことにしたが、そこで自分の気持ちを驚くほどにしっかりと述べるようになっていったのである。

まもなく興味深いことが起こった。女児の症状が改善して学校に行き始めた途端に、今度は母親自身がなぜか涙が止まらなくなり、よく泣くようになったのである。そして次のようなことを素直に語り始めた。「娘が食べないときに、自分の母親（女児の祖母）に、よく平気で食べられるねと責められた。そんな母親の言葉に反応して、ことさら私は食べることにしていた。気丈に振る舞っていた。母親に対するそんな思い（自分の母親に対する反抗）がこの子をこのようにしたのではという気持ち（罪悪感）が起こって、今度は自分が泣きたくなってきた。自分は無理して気丈に振る舞っていたと思う。娘を不安にさせてはいけないと思ってやったことだが……」。女児が立ち直り始めるとそれに代わって、母親自身が自分の母親に対して抱いていた反抗的な態度（アンビヴァレンス）に気づき、涙を流すようになっていったのである。さらに話は続き、母親自身も前思春期のこの時期に同じように非常につらい思いを体験していたことが明らかになってきた。自分の母親が再婚したため、家庭に居づらくなって、成人になる前に家を出てしまった。そのときの母親への恨みや寂しさが今回の娘の発症によって賦活され、なぜか自分の母親に反抗的な態度をとらずにはいられなかったのであろう。そのことが女児の不安をさらに強めることにつながっていたことに母親自身気づいた。こうしてまもなく母子治療は終結することができたのである。

関係病理を具体的に目に見えるかたちで映し返す

この事例の精神療法で治療関係が大きく動いたのは、母子と私との三者面接で、私が女児に何か尋ねても応答がなく母親に頼っているのですが、いざ私が母親に向かって語りかけると途端に、ふたりの間に割って入り自己主張しようとする女児の態度を取り上げたときです。私がそこに関係病理としての「あまのじゃく」を見て取ったことはいうまでもありませんが、それと同時に注目してほしいのは、そのことを具体的に母子双方に目に見えるようにして取り上げることによって、女児は自分の自己主張したい気持ちを受け止めてもらったという体験をするとともに、母親自身も子どもとしての自分の実母に対して抱いていた「甘え」のアンビヴァレンスに気づき、幼少期の体験記憶をも想起することができたことです。

ただ気をつけてほしいのは、私が関係病理を取り上げる際に、「あまのじゃく」ということばをステレオタイプに用いて表現したのではなく、「あまのじゃく」として捉えられた関係の動きをより具体的に目に見えるかたちで映し返した[23]ところに、治療としての重要な働きがあります。そのことによって母子双方がより実感をもって感じ取れる体験となっているからです。これこそ腑に落ちるという深い理解をもたらす最大の要因といっていいでしょう。私が関係病理を「あまのじゃく」として概念化したのは、あくまで目に見えるかたちでは捉え難い関係病理のゲシュタルトを私たちに馴染み深いことばで表現することによって、誰にでも内面に喚起しやすくなるのではないかと考えたからです。

なぜこのような劇的変化が起こるかといえば、関係病理としての「甘え」のアンビヴァレンスは、子どものみならず母親にとっても強いものがあったからです。そして「甘え」にまつわる幼少期の体験記憶は今現在も母子双方に脈々と息づいていたからこそ、今の自分と幼少期の自分を連続性をもって想起することができたのではないかと思われるのです。

精神療法の核心は何か

私の考える精神療法の核心は、〈患者－治療者〉関係のなかで治療者が関係病理として感じ取った手応えを自らの内面のこころの動きのゲシュタルトとして捉え、それをなんらかのかたちで言語化し患者に返すことによって患者と意味的共有を図ることにあります。

このように面接のなかで治療者が感じ取ったことを他者にもわかるかたちで言語化し、共通了解を図っていくと、患者、治療者双方間で深い理解が生まれ、それが治療的作用をもたらすのは、そのことが双方にとって納得がいき、腑に落ちる体験となっているからです。

原初的知覚体験と「不可疑性」

その最大の根拠は、面接で治療者が関係の病理を見て取ることを可能にしてくれる原初的知覚による体験が、患者および治療者自身の意思ではどうにもならないものとして双方の内面に立ち上がってきたものだからです。これこそこれまで論じてきた現象学でいうところの「不可疑性」をもたらす体験です。治療者が自ら体感したことを患者に投げ返すことが、「これ以上疑えないもの」を共通に感じ取ることを可能

［23］「映し返し」はミラーリング mirroring ともいいます。患者の今の気持ちを治療者が感じ取って、それをことばにして返すこと。このような働きかけによって患者はそれまで気づかなかった意識下のこころの動きに気づくことができます。精神分析でいう「転移解釈」とはそのようなものでしょう。

にし、そこに共通了解が生まれる突破口が切り拓かれるのです。

精神療法は治療即研究である

こうして私が得たエヴィデンスが価値あるものか否かをもっともよく教えてくれるのは患者です。その エヴィデンスが患者の苦しみを多少なりとも軽減し、生きるうえでの力となるものであれば、そこに精神療法としてのエヴィデンスの価値があるといえるでしょう。その意味で私の考える精神療法でのエヴィデンスは、それが患者との共通理解をもたらすか否かによってその真価が問われることになります。精神療法という営みはそれ自体が治療行為であると同時に研究でもあるということができるのです。

精神療法におけるエヴィデンス

これまで私が精神療法でアンビヴァレンスを把握することの重要性と、それを可能にしているものは何か、そしてそれが精神療法においていかなる治療的作用をもたらすのか、を論じてきました。

このことは私が自らの精神療法での経験を通した研究のエヴィデンスを明示したことを意味します。精神療法におけるエヴィデンスとは治療者自ら主観、間主観に向き合い、体感したことを誰にでも共有体験できるように、客観的事柄や背景、文脈、状況などをも記述しながらわかりやすく示すことにあります。単に感じ取ったことを思いつきで取り上げれば済むというものではありません。このような根気のいる作業の積み重ねが、相手にも体験的に理解することを可能にし、そこに共通理解が生まれる可能性が拓かれるのです。

おわりに

本書の執筆者のなかで唯一臨床家である私は、これまでの実践を振り返りながら、自身が現在精神療法において最も重要だと考えていることの要諦を述べ、そこに精神療法としてのエヴィデンスがあることを示してきました。

本章をまとめることによってこれまでの私の臨床家としての経験を振り返ると、自閉症といわれる人々の知覚体験に興味を抱いたことが、結果として患者と治療者の主体を大切にする精神療法につながっていることを改めて実感します。

自閉症の人々の知覚体験として特徴的と考えられた原初的知覚は、乳幼児期の母子関係の観察と治療においてきわめて重要な視点を与えてくれました。「関係」は時々刻々と変化し続けるため、これまでの「科学」では手に負えなかったのですが、原初的知覚という鍵概念を用いて接近することによって、臨床研究でもっとも扱い難い「関係」と「情動」を捕捉することができたように思います。「関係」も「情動」も常に変化し続けるという性質をもちますが、そうした刺戟の変化そのものを鋭敏に感じ取ることを可能にしてくれるのが原初的知覚だったからです。さらに「甘え」という私たち日本人に馴染み深い観点は、日本人であれば誰にでも容易に「これ以上疑えない」ものとして自らの内面に立ち現れるものです。ここにこそ人間科学におけるエヴィデンスはどのようにして得られるものかがよく示されていると思われるのです。

エピローグ

本書が生まれる契機となったのは、筆者が現在の勤務先である西南学院大学に着任した翌年の二〇一三（平成二五）年九月に企画した西南学院講座 in Tokyo「臨床と哲学のあいだ——人間科学の復興を目指して——」です。私がこの企画を思いついたのはつぎに述べるような動機からでした。

「学問の知の危機が叫ばれて久しい。学問の世界の目指すべき研究対象が日常生活から大きく遊離してしまったがゆえの危機である。保育、教育、心理、医療、保健、福祉、介護などの諸領域において、人と人が関わるなかで営まれる臨床実践をいかに科学的に探求するか、多くの営みが行われている。そのなかでは自然科学に倣って実証研究が行われている一方で、量的研究に抗するようにして質的研究の試行錯誤が続いている。臨床現場に身を置く者にとっては、多様な研究と成果が乱立しているため、何をどのように評価したらよいか混迷状態にあるといってもよい。そこで大切になるのは、自然科学とは異なる人間科学の諸領域における臨床と研究はどのように考えればよいのか、その思考の原理を獲得することである。」

これまで人間科学も自然科学に倣って、客観性を重んじながら、仮説を立て、データを集積し、その仮説を検証するという方法をとることが一般的でした。しかし、量的研究に飽き足らず、質的研究を志向する研究者が次第に増えています。おそらくそこには、人間科学が自然科学とは性格を異にしていることからくる従来の研究手法に対する違和感も働いているのでしょう。これまでにも幾多の質的研究の試みがなされてきていますが、それらを概観してみると、そこでも「客観性」に対するしばりのためか、研究者自らの主観を極力排除し、被観察者の言動のみを取り上げ、分析するという手法が取られることが多いのが現状のようです。

人間科学が自然科学と最も異なるのは、生身の人間を相手とし、同じ人間が研究者としても介在するということにあります。そこには必然的に人間同士の関わり合いが生まれ、そのことが研究そのものの内実を規定する大きな要因となっています。そうであるにもかかわらず、これまで研究者は自らの主観を取り上げることに対して非常に警戒的であったといわざるをえません。そこには「客観性」に対する強い囚われがあったからではないでしょうか。

これまで私は精神医学、教育、福祉、心理などの人間諸科学の領域を渡り歩いてきましたが、数年前まで在籍していた心理臨床の世界を垣間みて驚いたのは、質的研究としてＧＴＡ（グラウンデッド・セオリー・アプローチ）がさかんに用いられていることでした。その手法は、もっぱら観察対象である他者（面接における被面接者）が語ることばのみを取り上げて分析していくというものでした。そこでは観察者（面接者）が何を感じ考えながらどのように働きかけたのか、観察者自身の主体的な関わりはいっさい等閑に付されていました。日頃から面接では自分で感じ取ったことを大切にしてきた私はそのことに強い疑問を抱いたものです。なぜなら、面接においては、話しことばの言語的水準のみならず、身振りや表情などの非言語的水準をも含めたコミュニケーションが行き交っています。そしてそれとともに情動的水準という当事者が意識化することの困難な性質のコミュニケーションも同時に働いているからです。このことを強く実感するのは、ことばによるコミュニケーションが困難な発達障碍の子どもたちとの面接（心理療法）においてです。発達障碍に対する心理療法が実を結ぶことが少ないのは、おそらくこれまでの心理臨床研究そのものの質が深く関係していると思いました。

このような問題意識から私は自らの臨床と研究の基盤をかたちづくる必要性を強く感じるようになりました。そのような気持ちを抱いていた矢先に、転職先の学校法人西南学院が東京オフィスを開設するというニュースが私の耳に飛び込んできました。このオフィスの開設のねらいのひとつが、西南学院から全国に向けて情報発信する基地とするというものでした。場所は東京駅に隣接するサピアタワー（千代田区丸の内）一〇階のフロアで、講座も同タワー内で開催することができることを知り、願ってもないチャンスだと思い、早速私は先に述べたような思いを法人にぶつけてみました。すると二つ返事で了解をもらい、冒頭に述べたような内容の企画を西南学院講座 in Tokyo として実施することができたのです。

そのときに講師をお願いしたのが竹田青嗣氏と鯨岡峻氏で、私もその末席に加わり、指定討論者を西研氏と山竹伸二氏につとめてもらいました。さらに翌（二〇一四）年二月末、西南学院大学ファカルティ・リトリート（教員の研修と交流を目的として春休みに実施される会合）で「人間科学におけるエヴィデンス——哲学と臨床との対話」が企画され、そこでは西研氏と私が講師をつとめました。

本書は、主にこの二つの企画から生まれたものですが、これまでの質的研究の概観を批判的に総括する必要性を強く感じたことから、日頃から「哲学と臨床を語る会」でいつも議論している著述家の山竹伸二氏にも論考をお願いしました。五氏の原稿はいずれも講座当日の内容を大幅に更新した内容で、書き下ろしの論文といえるものです。

以上、哲学、発達心理学、臨床精神医学などの諸領域に属する執筆者による本書はまさに学際的と称するにふさわしい構成だと自負していますが、今回の企画のきっかけをつくっていただいた学校法人西南学院の関係者とファカルティ・リトリートの企画提案者の須藤伊知郎氏（西南学院大学神学部教授）に心よりお礼申し上げます。

本書が人間諸科学にて実践と研究に従事している方々にとって、質的研究を深く考える機会となることを切に願っています。

二〇一五年七月吉日

小林隆児

索　引

【ま行】

【や行】

【ら行】

【わ行】

著者紹介（執筆順）

竹田青嗣（たけだ　せいじ）
1947年大阪生まれ。早稲田大学政治経済学部卒業。1992年明治学院大学国際学部教授（哲学，思想），2005年早稲田大学国際教養学部教授を経て，早稲田大学名誉教授。哲学者・文芸評論家。在日作家論から出発，実存論，人間論を軸とする哲学活動を続ける。
主著に『自分を知るための哲学入門』（ちくま学芸文庫），『ニーチェ入門』（ちくま新書），『現象学入門』（NHKブックス），『言語的思考へ』（径書房），『人間的自由の条件』（講談社学術文庫），『超解読！ はじめてのフッサール「現象学の理念」』（講談社現代新書），『欲望論 第1巻「意味」の原理論』『欲望論 第2巻「価値」の原理論』（以上，講談社）などがある。

山竹伸二（やまたけ　しんじ）
1965年広島県生まれ。学術系出版社の編集者を経て，現在，心理学・哲学の分野で著述家・評論家として活動中。大阪経済法科大学アジア太平洋研究センター客員研究員。現代社会における心の病と，心理的治療の共通原理，および看護や保育，介護などのケアの領域における原理について，現象学的な視点から捉え直す作業を続けている。1998年，「自由と主体性を求めて」により，第14回暁鳥敏賞を受賞。
著書に『「認められたい」の正体』（講談社現代新書），『「本当の自分」の現象学』（NHKブックス），『本当にわかる哲学』（日本実業出版社），『不安時代を生きる哲学』（朝日新聞出版），『子育ての哲学』（ちくま新書）など。

鯨岡　峻（くじらおか　たかし）
1943年秋田県秋田市生まれ。発達心理学者，京都大学博士（文学）。1968年京都大学文学部卒業。1970年同大学大学院文学研究科心理学専攻修士課程修了。1970年島根大学助手，講師，助教授，教授を経て，1995年京都大学大学院人間・環境学研究科教授，2007年同大学院定年退官後，中京大学心理学部教授。京都大学名誉教授。
主著に『関係発達論の構築』（ミネルヴァ書房），『両義性の発達心理学』（ミネルヴァ書房），『エピソード記述入門』（東京大学出版会），『エピソード記述を読む』（東京大学出版会），『なぜエピソード記述なのか』（東京大学出版会）などがある。

編著者紹介

小林隆児（こばやし　りゅうじ）

1949年鳥取県米子市生まれ。児童精神科医，医学博士，日本乳幼児医学・心理学会理事長。1975年九州大学医学部卒業。福岡大学医学部精神医学教室入局後，福岡大学講師，大分大学助教授，東海大学教授，大正大学教授，西南学院大学人間科学部教授などを歴任。

主著に『「関係」からみる乳幼児期の自閉症スペクトラム』（ミネルヴァ書房），『甘えたくても甘えられない』（河出書房新社），『あまのじゃくと精神療法』（弘文堂），『発達障碍の精神療法』（創元社），『自閉症スペクトラムの症状を「関係」から読み解く』（ミネルヴァ書房），『臨床家の感性を磨く』（誠信書房）などがある。

西　研（にし　けん）

1957年鹿児島県生まれ。東京大学大学院総合文化研究科修士課程修了，社会哲学専攻。京都精華大学助教授，和光大学教授を経て，現在，東京医科大学教授（哲学教室）。教育出版小学校国語教科書『広がる言葉』編集委員。

著書に『哲学的思考――フッサール現象学の核心』（ちくま学芸文庫），『ヘーゲル・大人のなりかた』（NHKブックス），『集中講義 これが哲学！』『哲学の練習問題』（ともに河出文庫）など。近著に『ルソー エミール――自分のために生き，みんなのために生きる』（NHK出版），『高校生のための哲学・思想入門』（竹田青嗣ほかとの共著，筑摩書房），『風景とローカル・ガバナンス』（中村良夫ほかとの共著，早稲田大学出版部）などがある。

新曜社

人間科学におけるエヴィデンスとは何か
現象学と実践をつなぐ

初版第1刷発行　2015年9月28日
初版第4刷発行　2021年11月28日

編著者　小林隆児・西　研
著　者　竹田青嗣・山竹伸二・鯨岡　峻
発行者　塩浦　暲
発行所　株式会社　新曜社
101-0051　東京都千代田区神田神保町3－9
電話（03）3264－4973（代）・FAX（03）3239－2958
e-mail : info@shin-yo-sha.co.jp
URL : http://www.shin-yo-sha.co.jp
組　版　Katzen House
印　刷　新日本印刷
製　本　積信堂

ISBN978-4-7885-1449-2 C1011